DEN VIKTIGA KOKBOKEN FÖR TOMATSÅS

100 välsmakande skapelser för varje pasta rätt och mer

Ebba Olsson

Copyright Material ©2024

Alla rättigheter förbehållna

Ingen del av denna bok får användas eller överföras i någon form eller på något sätt utan korrekt skriftligt medgivande från utgivaren och upphovsrättsinnehavaren, förutom korta citat som används i en recension. Den här boken bör inte betraktas som en ersättning för medicinsk, juridisk eller annan professionell rådgivning.

INNEHÅLLSFÖRTECKNING

INNEHÅLLSFÖRTECKNING **3**
INTRODUKTION **6**
HET TOMATSÅS **7**
   1. CHILE SALSA 8
   2. KREOL VARM PEPPARSÅS 10
   3. HARISSA 12
   4. VARM PASTASÅS 14
   5. SALSA ALLA AMATRICIANA SÅS 16
   6. MEXIKANSK MASKINGEVÄRSÅS 18
   7. KRYDDIG TOMAT- OCH RÖDPEPPARSÅS 20
   8. SZECHUAN TOMATSÅS 22
   9. ELDIG ROSTAD TOMATSÅS 24
   10. HABANERO TOMATSÅS E 26
   11. THAILÄNDSK KRYDDIG TOMATSÅS 28
   12. CAJUN TOMATSÅS 30
BBQ TOMATSÅS **32**
   13. ÄPPELSMÖR BARBECUESÅS 33
   14. BARBECUESÅS FÖR RÖKARE 35
   15. KRYDDIG BBQ TOMATSÅS 37
   16. TANGY PEACH BBQ TOMATSÅS 39
   17. MAPLE BOURBON BBQ TOMATSÅS E 41
   18. HONEY CHIPOTLE BBQ TOMATSÅS 43
   19. KAFFE BBQ TOMATSÅS 45
   20. ANANAS JALAPENO BBQ TOMATSÅS 47
   21. KOREANSK BBQ TOMATSÅS 49
TOMATSALSA **51**
   22. GRILLAD CHILESALSA 52
   23. ARBOL-AVOCADOSALSA 54
   24. CLEAR CREEK PICANTE SALSA 56
   25. ITALIENSK SALSA 59
   26. TOMAT JALAPENO SALSA 61
   27. ANANAS MANGO SALSA 63
   28. MAJS OCH SVARTA BÖNOR SALSA 65
   29. PICO DE GALLO SALSA 67
   30. VATTENMELON TOMAT SALSA 69
   31. TOMAT AVOKADO MAJS SALSA 71
   32. MANGO HABANERO SALSA 73
   33. TOMATILLO SALSA VERDE 75
   34. ROSTAD RÖD PAPRIKA SALSA 77
TOMATCHUTNEYS **79**

35. Fruktgrill chutney ...80
36. Aubergine Och Tomatchutney ...82
37. Tomatchutney Med Chile ...85
38. Majs Och Tomatchutney ...88
39. Kryddig grön tomatchutney ...90
40. Capsicum (Bell Pepper) Och Tomat Chutney ...92
41. Bockhornsklöver Grodd Och Tomatchutney ...94
42. Basilika Och Soltorkad Tomatchutney ...96
43. Sötsyrlig papayachutney ...98

TOMATPESTO ... 100
44. Basilika soltorkad tomatpesto ...101
45. Soltorkad pestosås ...103
46. Ostaktig kronärtskocka pesto ...105
47. Fransk getostpesto ...107
48. Feta och soltorkad tomatpesto ...109
49. Rostad röd paprika och tomatpesto ...111
50. Pesto med kryddig tomat och basilika ...113
51. Tomat valnötspesto ...115
52. Tomat Pesto Rosso ...117
53. Tomat och mandelpesto ...119
54. Tomat och cashew pesto ...121
55. Tomat och pistaschpesto ...123
56. Tomat och pumpafröpesto ...125

TOMATPASTASÅSER ... 127
57. Grundläggande pastasås ...128
58. Kryddad Pastasås ...130
59. Citruspastasås ...132
60. Öl Pastasås ...134
61. Calcutta pastasås ...136
62. Kryddig napolitansk tomatsås ...138
63. Rostad vitlökstomat napolitansk sås ...140
64. Napolitansk balsamicotomatsås ...142
65. Tomat Caprese sås ...144
66. Svamp- och tomatpastasås ...146
67. Tomat och olivpastasås ...148

TOMAT MARINARA-SÅS ... 150
68. Chunky Marinara sås ...151
69. 30-minuters Marinara sås ...153
70. Vitlök Marinara ...155
71. Pastasås Marinara ...157
72. Salsa Marinara ...159
73. Rostad vitlökstomat Marinara ...161
74. Svamp Tomat Marinara ...163

75. Zesty Red Pepper Tomat Marinara 165
76. Spenat Tomat Marinara 167
TOMAT ARRABBIATA-SÅS 169
    77. Klassisk tomat Arrabbiatasås 170
    78. Rostad tomat Arrabbiatasås 172
    79. Kryddig tomat Arrabbiatasås med Pancetta 174
    80. Vegansk tomat Arrabbiatasås 176
    81. Krämig tomat Arrabbiatasås 178
    82. Rostad röd paprika Arrabbiatasås 180
    83. Soltorkad tomat Arrabbiatasås 182
    84. Svamp Arrabbiata sås 184
TOMATKRÄMSÅS 186
    85. Soltorkad tomatsås 187
    86. Vodka Tomatsås 189
    87. Rostad vitlök tomat gräddsås 191
    88. Krämig körsbärstomatsås med parmesan 193
    89. Basilika Tomatsås 195
    90. Kryddig tomatgräddsås 197
    91. Svamp tomat gräddsås 199
    92. Spenat Tomatsås 201
    93. Soltorkad tomat och basilika gräddsås 203
    94. Tomat och rostad röd paprika gräddsås 205
    95. Tomat- och getostgräddsås 207
    96. Tomat och Gorgonzola gräddsås 209
    97. Bacon Tomatsås 211
    98. Ört tomat gräddsås 213
    99. Räktomatsås 215
    100. Krämig tomat och spenat Alfredo 217
SLUTSATS 219

INTRODUKTION

Välkommen till "DEN VIKTIGA KOKBOKEN FÖR TOMATSÅS", där vi dyker in i tomatsåsens rika och smakrika värld. Tomatsås är hjärtat och själen i otaliga rätter, från klassiska pastarecept till salta grytor och mer. I den här kokboken presenterar vi 100 salta kreationer som visar upp mångsidigheten och läckerheten hos tomatsås, och erbjuder inspiration för varje måltid och tillfälle.

Tomatsås är mer än bara en krydda – det är en kulinarisk hörnsten som utgör grunden för otaliga rätter i kök runt om i världen. Oavsett om du sjuder den lågt och långsamt för en rik och rejäl ragù, slänger den med pasta för en snabb och mättande måltid eller använder den som bas för soppor, grytor och pizzor, ger tomatsås djup, smak och livlighet. till varje maträtt den rör vid. I den här kollektionen visar vi dig hur du behärskar konsten att göra tomatsås från grunden och använder den för att skapa aptitretande recept som kommer att glädja dina smaklökar.

Men "DEN VIKTIGA KOKBOKEN FÖR TOMATSÅS" är mer än bara en samling recept – det är en hyllning till den ödmjuka tomaten och dess otroliga kulinariska potential. När du utforskar sidorna i denna kokbok kommer du att upptäcka historien och den kulturella betydelsen av tomatsås, samt tips och tekniker för att göra och använda den i din matlagning. Oavsett om du är en erfaren kock eller en nybörjarkock, finns det något i den här kokboken som inspirerar och upphetsar din inre kulinariska konstnär.

Så oavsett om du lagar mat till en familjemiddag, håller en middagsfest eller bara är sugen på en tröstande skål med pasta, låt "DEN VIKTIGA KOKBOKEN FÖR TOMATSÅS" vara din guide. Från klassiska italienska recept till globalt inspirerade skapelser, det finns ett tomatsåsrecept i denna samling för alla smaker och önskemål. Gör dig redo att höja din matlagning och njut av de rika och salta smakerna av tomatsås.

HET TOMATSÅS

1. Chile Salsa

INGREDIENSER:
- 6 medelstora tomater
- 2 jalapeñopeppar
- 1 liten lök, hackad
- 2 vitlöksklyftor
- Saft av 1 lime
- 1/4 kopp korianderblad
- Salt att smaka

INSTRUKTIONER:
a) Förvärm broilern i din ugn.
b) Lägg tomater och jalapeñopeppar på en plåt och stek i cirka 5 minuter, tills skalet är förkolnat.
c) Ta ut ur ugnen och låt dem svalna något.
d) Ta bort skalet från tomaterna och stjälkarna från jalapeñopeppar.
e) I en mixer eller matberedare, kombinera tomater, jalapeñopeppar, lök, vitlök, limejuice, korianderblad och salt.
f) Mixa tills det är slätt.
g) Överför salsan till en burk eller lufttät behållare och ställ i kylen.

2.Kreol Varm Pepparsås

INGREDIENSER:
- 10 habanero paprika, stjälkar borttagna
- 2 vitlöksklyftor
- 1/2 kopp vit vinäger
- 2 msk tomatpuré
- 1 matsked paprika
- 1 msk honung
- 1 tsk salt

INSTRUKTIONER:
a) I en mixer eller matberedare, kombinera habanero-peppar, vitlök, vit vinäger, tomatpuré, paprika, honung och salt.
b) Mixa tills det är slätt.
c) Lägg över såsen i en kastrull och låt sjuda på medelvärme.
d) Koka i cirka 10 minuter, rör om då och då.
e) Ta av från värmen och låt såsen svalna.
f) När den svalnat, överför såsen till en burk eller lufttät behållare och kyl.

3. Harissa

INGREDIENSER:
- 6 torkade chilipeppar (som ancho eller guajillo), stjälkar och frön borttagna
- 2 vitlöksklyftor
- 2 matskedar olivolja
- 1 msk tomatpuré
- 1 msk mald spiskummin
- 1 tsk mald koriander
- 1 tsk malda kumminfrön
- 1/2 tsk mald kanel
- 1/2 tsk salt

INSTRUKTIONER:
a) Lägg den torkade chilipeppar i en skål och täck med kokande vatten.
b) Låt paprikorna dra i ca 15 minuter tills de är mjuka.
c) Låt paprikan rinna av och överför dem till en mixer eller matberedare.
d) Tillsätt vitlök, olivolja, tomatpuré, spiskummin, koriander, kummin, kanel och salt.
e) Mixa tills det är slätt.
f) Överför såsen till en burk eller lufttät behållare och kyl.

4.Varm Pastasås

INGREDIENSER:
- 2 matskedar olivolja
- 1 lök, finhackad
- 2 vitlöksklyftor, hackade
- 1/2 kopp varm sås efter eget val
- 1 burk (28 uns) krossade tomater
- 1 tsk torkad basilika
- 1 tsk torkad oregano
- 1/2 tsk socker
- Salt och svartpeppar efter smak

INSTRUKTIONER:
a) Värm olivoljan på medelvärme i en stor kastrull.
b) Tillsätt den hackade löken och hackad vitlök och fräs tills löken är genomskinlig och vitlöken doftar.
c) Rör ner den varma såsen och koka i 1 minut.
d) Tillsätt krossade tomater, torkad basilika, torkad oregano, socker, salt och svartpeppar.
e) Koka upp såsen och låt den koka i cirka 20 minuter, rör om då och då.
f) Ta av från värmen och låt såsen svalna.
g) När den svalnat, överför såsen till en burk eller lufttät behållare och kyl.

5.Salsa alla Amatriciana sås

INGREDIENSER:
- 1/4 kopp olivolja
- 1 lök, finhackad
- 4 skivor pancetta, hackad
- 2 vitlöksklyftor, hackade
- 1 tsk röd paprikaflingor
- 1 burk (14 uns) krossade tomater
- 1/2 tsk salt
- 1/4 tsk svartpeppar

INSTRUKTIONER:
a) Värm olivoljan på medelvärme i en kastrull.
b) Tillsätt den hackade löken och pancettan och koka tills löken är genomskinlig och pancettan är krispig.
c) Rör ner hackad vitlök och röd paprikaflingor och koka ytterligare en minut.
d) Tillsätt krossade tomater, salt och svartpeppar.
e) Koka upp såsen och låt den koka i cirka 15 minuter, rör om då och då.
f) Ta av från värmen och låt såsen svalna.
g) När den svalnat, överför såsen till en burk eller lufttät behållare och kyl.

6.Mexikansk maskingevärsås

INGREDIENSER:
- 2 matskedar smör
- 1 (6 ounce) burk tomatpuré
- 21 koppar destillerad vit vinäger
- ½ kopp honung
- ½ msk senapspulver
- 3 msk torr nachokrydda
- 41 matskedar hett currypulver
- 2 msk tacokrydda mix
- 2 msk basilika
- 2 msk svartpeppar
- 2 msk havssalt/koshersalt

INSTRUKTIONER:
a) Blanda ihop dina ingredienser i en stor kastrull.
b) Koka upp blandningen, sänk sedan värmen till låg och låt sjuda i 10 minuter. Kyl innan servering.

7.Kryddig tomat- och rödpepparsås

INGREDIENSER:

- 2 röda paprikor
- 2 matskedar olivolja
- 1 lök, tärnad
- 3 vitlöksklyftor, hackade
- 28 oz (800 g) konserverade tärnade tomater
- 1 tsk röd paprikaflingor (anpassa efter smak)
- Salta och peppra efter smak

INSTRUKTIONER:

a) Värm ugnen till 400°F (200°C). Lägg de röda paprikorna på en plåt och rosta i ugnen tills de är förkolnade, ca 25-30 minuter. Ta ut ur ugnen och låt svalna något.
b) När den svalnat, skala skalet av den rostade röda paprikan, ta bort fröna och tärna dem.
c) Värm olivoljan på medelvärme i en stor stekpanna. Tillsätt den hackade löken och hackad vitlök. Stek tills det mjuknat, ca 5 minuter.
d) Tillsätt de tärnade tomaterna, rostade röda paprikorna och rödpepparflingorna i stekpannan. Krydda med salt och peppar efter smak.
e) Sjud såsen i cirka 15-20 minuter, tills smakerna smälter samman.
f) Servera den kryddiga tomat- och rödpepparsåsen över kokt pasta eller använd efter önskemål.

8.Szechuan tomatsås

INGREDIENSER:
- 2 msk sesamolja
- 3 vitlöksklyftor, hackade
- 1 msk färsk ingefära, malet
- 28 oz (800 g) konserverade tärnade tomater
- 2 msk sojasås
- 1 msk risvinäger
- 1 msk farinsocker
- 1 tsk Szechuan pepparkorn, krossade
- 1-2 msk chilipasta (anpassa efter smak)
- Salt att smaka

INSTRUKTIONER:
a) Värm sesamoljan på medelvärme i en stor stekpanna eller wok. Tillsätt hackad vitlök och ingefära. Fräs i 1-2 minuter tills det doftar.
b) Tillsätt konserverade tärnade tomater, sojasås, risvinäger, farinsocker, krossade Szechuan-pepparkorn och chilipasta i stekpannan. Rör om för att kombinera.
c) Låt såsen koka upp och koka i cirka 15-20 minuter, rör om då och då, tills den tjocknat.
d) Smaka av och justera kryddningen med salt efter behov.
e) Servera Szechuan-tomatsåsen till dina favoritwokade rätter eller över ris.

9.Eldig rostad tomatsås

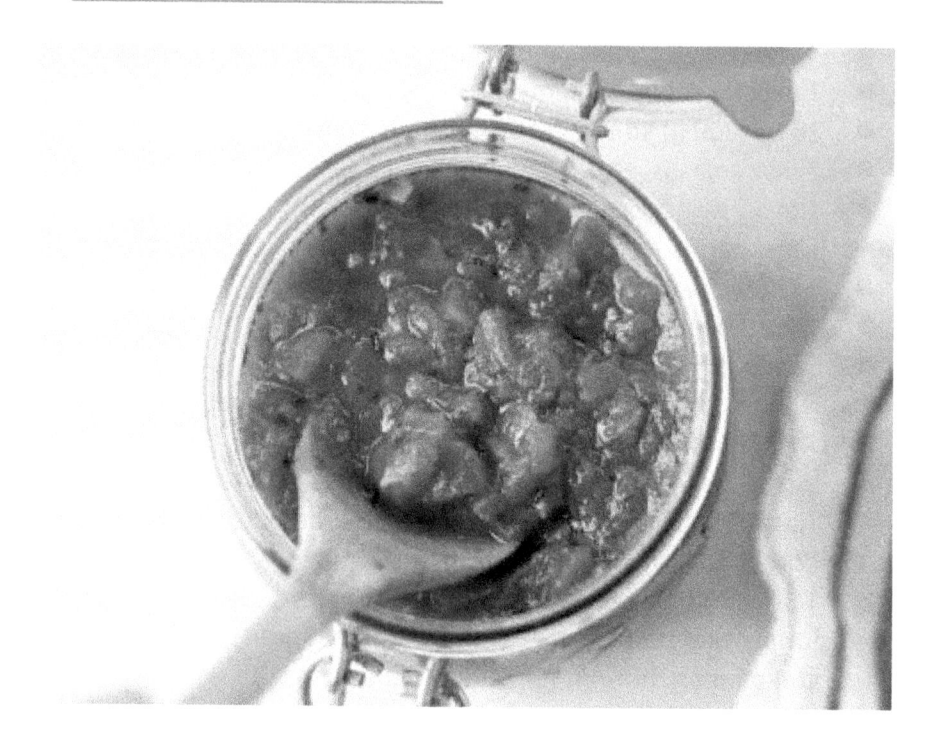

INGREDIENSER:
- 1 lb (450 g) mogna tomater, halverade
- 1 lök, i fjärdedelar
- 4 vitlöksklyftor, skalade
- 2 chipotle paprika i adobosås
- 1 tsk rökt paprika
- 1 tsk malen spiskummin
- Salta och peppra efter smak

INSTRUKTIONER:
a) Värm ugnen till 400°F (200°C). Lägg de halverade tomaterna, lökkvarteren och vitlöksklyftorna på en plåt.
b) Rosta i ugnen i ca 25-30 minuter, tills grönsakerna är karamelliserade och mjuknade.
c) Överför de rostade grönsakerna till en mixer eller matberedare. Tillsätt chipotlepeppar, rökt paprika och mald spiskummin.
d) Mixa tills det är slätt, tillsätt lite vatten om det behövs för att nå önskad konsistens.
e) Krydda den eldiga rostade tomatsåsen med salt och peppar efter smak.
f) Servera såsen över grillat kött, pasta eller använd som dippsås till aptitretare.

10.Habanero tomatsås e

INGREDIENSER:
- 2 matskedar vegetabilisk olja
- 2 habanero-peppar, finhackad (fröna avlägsnas för mindre värme)
- 4 vitlöksklyftor, hackade
- 28 oz (800 g) konserverade tärnade tomater
- 1 tsk malen spiskummin
- 1 tsk paprika
- Salta och peppra efter smak
- Färsk koriander, hackad (valfritt)

INSTRUKTIONER:

a) Värm vegetabilisk olja på medelhög värme i en stekpanna. Tillsätt hackad habaneropeppar och hackad vitlök. Fräs i 1-2 minuter tills det doftar.

b) Lägg de konserverade tärnade tomaterna i stekpannan. Rör ner malen spiskummin och paprika. Krydda med salt och peppar efter smak.

c) Sjud såsen i cirka 10-15 minuter, låt smakerna smälta samman.

d) Servera habanero-tomatsåsen till dina favoriträtter, som tacos, grillad kyckling eller ris. Garnera med hackad färsk koriander om så önskas.

11. Thailändsk kryddig tomatsås

INGREDIENSER:
- 2 matskedar vegetabilisk olja
- 2 vitlöksklyftor, hackade
- 1 msk röd currypasta
- 1 burk (14 oz) kokosmjölk
- 1 kopp konserverade tärnade tomater
- 1 msk fisksås
- 1 msk limejuice
- 1 tsk farinsocker
- Salt att smaka
- Färska korianderblad, hackade (valfritt)

INSTRUKTIONER:
a) Värm vegetabilisk olja på medelvärme i en kastrull. Tillsätt finhackad vitlök och röd currypasta. Fräs i 1-2 minuter tills det doftar.
b) Häll i kokosmjölken och rör ner de konserverade tärnade tomaterna.
c) Tillsätt fisksås, limejuice och farinsocker i kastrullen. Smaka av med salt efter smak.
d) Sjud såsen i ca 10-15 minuter, låt den tjockna något.
e) Servera den thailändska kryddiga tomatsåsen med ris, nudlar eller dina thailändska favoriträtter. Garnera med hackade färska korianderblad om så önskas.

12.Cajun tomatsås

INGREDIENSER:
- 2 matskedar smör
- 1 lök, tärnad
- 1 paprika, tärnad
- 2 selleristjälkar, tärnade
- 3 vitlöksklyftor, hackade
- 1 burk (14 oz) krossade tomater
- 1 tsk Cajun-krydda
- 1/2 tsk torkad timjan
- 1/2 tsk torkad oregano
- Salta och peppra efter smak
- Färsk persilja, hackad (valfritt)

INSTRUKTIONER:
a) Smält smöret på medelvärme i en stekpanna. Tillsätt tärnad lök, paprika och selleri. Fräs tills det mjuknat, ca 5-7 minuter.
b) Tillsätt den hackade vitlöken i stekpannan och koka i ytterligare 1-2 minuter.
c) Rör ner krossade tomater, Cajun-krydda, torkad timjan och torkad oregano.
d) Krydda med salt och peppar efter smak. Sjud såsen i ca 10-15 minuter, rör om då och då.
e) Servera Cajun tomatsåsen över kokt pasta, ris eller använd som dippsås. Garnera med hackad färsk persilja om så önskas.

BBQ TOMATSÅS

13.Äppelsmör barbecuesås

INGREDIENSER:
- 1 burk tomatsås
- ½ kopp äppelsmör
- 1 msk Worcestershiresås

INSTRUKTIONER:
a) Blanda allt.

14.Barbecuesås för rökare

INGREDIENSER:

- 1 varje 10 oz burk tomatsoppa
- ¼ kopp söt saltgurka
- 1 msk Worcestershiresås
- ¼ kopp lök, fint tärnad
- 1 matsked vinäger
- 1 msk farinsocker

INSTRUKTIONER:

a) Blanda alla ingredienser och häll över 1 pund smokies och låt puttra i en vattenkokare.
b) Du kan använda 1 pund korvar skurna i bitar istället för rökiga.

15.Kryddig BBQ tomatsås

INGREDIENSER:
- 1 kopp ketchup
- 1/4 kopp äppelcidervinäger
- 1/4 kopp honung
- 2 matskedar melass
- 1 msk dijonsenap
- 1 msk varm sås (anpassa efter smak)
- 1 tsk rökt paprika
- 1/2 tsk vitlökspulver
- Salta och peppra efter smak

INSTRUKTIONER:
a) I en kastrull, kombinera alla ingredienser på medelvärme.
b) Rör om väl för att kombinera och låt koka upp.
c) Sänk värmen till låg och låt såsen koka i 10-15 minuter, rör om då och då, tills den tjocknar något.
d) Justera krydda efter smak med salt och peppar.
e) Ta bort från värmen och låt svalna innan du använder. Förvara eventuella rester i en lufttät behållare i kylen.

16. Tangy Peach BBQ Tomatsås

INGREDIENSER:
- 1 kopp ketchup
- 1/2 kopp persikokonserver
- 1/4 kopp äppelcidervinäger
- 2 msk Worcestershiresås
- 1 msk dijonsenap
- 1 tsk rökt paprika
- 1/2 tsk vitlökspulver
- Salta och peppra efter smak

INSTRUKTIONER:
a) I en kastrull, kombinera alla ingredienser på medelvärme.
b) Rör om väl för att kombinera och låt koka upp.
c) Sänk värmen till låg och låt såsen koka i 10-15 minuter, rör om då och då, tills den tjocknar något.
d) Justera krydda efter smak med salt och peppar.
e) Ta bort från värmen och låt svalna innan du använder. Förvara eventuella rester i en lufttät behållare i kylen.

17.Maple Bourbon BBQ Tomatsås e

INGREDIENSER:
- 1 kopp ketchup
- 1/4 kopp lönnsirap
- 1/4 kopp bourbon
- 2 msk äppelcidervinäger
- 1 msk Worcestershiresås
- 1 msk dijonsenap
- 1 tsk rökt paprika
- 1/2 tsk vitlökspulver
- Salta och peppra efter smak

INSTRUKTIONER:
a) I en kastrull, kombinera alla ingredienser på medelvärme.
b) Rör om väl för att kombinera och låt koka upp.
c) Sänk värmen till låg och låt såsen koka i 10-15 minuter, rör om då och då, tills den tjocknar något.
d) Justera krydda efter smak med salt och peppar.
e) Ta bort från värmen och låt svalna innan du använder. Förvara eventuella rester i en lufttät behållare i kylen.

18.Honey Chipotle BBQ Tomatsås

INGREDIENSER:
- 1 kopp ketchup
- 1/4 kopp honung
- 2 chipotle paprika i adobosås, hackad
- 2 msk äppelcidervinäger
- 1 msk Worcestershiresås
- 1 msk dijonsenap
- 1 tsk rökt paprika
- 1/2 tsk vitlökspulver
- Salta och peppra efter smak

INSTRUKTIONER:
a) I en kastrull, kombinera alla ingredienser på medelvärme.
b) Rör om väl för att kombinera och låt koka upp.
c) Sänk värmen till låg och låt såsen koka i 10-15 minuter, rör om då och då, tills den tjocknar något.
d) Justera krydda efter smak med salt och peppar.
e) Ta bort från värmen och låt svalna innan du använder. Förvara eventuella rester i en lufttät behållare i kylen.

19.Kaffe BBQ Tomatsås

INGREDIENSER:
- 1 kopp ketchup
- 1/4 kopp bryggkaffe
- 2 msk äppelcidervinäger
- 2 msk farinsocker
- 1 msk Worcestershiresås
- 1 msk dijonsenap
- 1 tsk rökt paprika
- 1/2 tsk vitlökspulver
- Salta och peppra efter smak

INSTRUKTIONER:
a) I en kastrull, kombinera alla ingredienser på medelvärme.
b) Rör om väl för att kombinera och låt koka upp.
c) Sänk värmen till låg och låt såsen koka i 10-15 minuter, rör om då och då, tills den tjocknar något.
d) Justera krydda efter smak med salt och peppar.
e) Ta bort från värmen och låt svalna innan du använder. Förvara eventuella rester i en lufttät behållare i kylen.

20.Ananas Jalapeno BBQ Tomatsås

INGREDIENSER:
- 1 kopp ketchup
- 1/4 kopp ananasjuice
- 1 jalapenopeppar, kärnad och finhackad
- 2 msk äppelcidervinäger
- 2 msk farinsocker
- 1 msk Worcestershiresås
- 1 msk dijonsenap
- 1 tsk rökt paprika
- 1/2 tsk vitlökspulver
- Salta och peppra efter smak

INSTRUKTIONER:
a) I en kastrull, kombinera alla ingredienser på medelvärme.
b) Rör om väl för att kombinera och låt koka upp.
c) Sänk värmen till låg och låt såsen koka i 10-15 minuter, rör om då och då, tills den tjocknar något.
d) Justera krydda efter smak med salt och peppar.
e) Ta bort från värmen och låt svalna innan du använder. Förvara eventuella rester i en lufttät behållare i kylen.

21.Koreansk BBQ tomatsås

INGREDIENSER:
- 1 kopp ketchup
- 1/4 kopp sojasås
- 2 msk risvinäger
- 2 msk farinsocker
- 1 msk sesamolja
- 1 msk finhackad ingefära
- 2 vitlöksklyftor, hackade
- 1 tsk gochujang (koreansk chilipasta)
- Salta och peppra efter smak

INSTRUKTIONER:
a) I en kastrull, kombinera alla ingredienser på medelvärme.
b) Rör om väl för att kombinera och låt koka upp.
c) Sänk värmen till låg och låt såsen koka i 10-15 minuter, rör om då och då, tills den tjocknar något.
d) Justera krydda efter smak med salt och peppar.
e) Ta bort från värmen och låt svalna innan du använder. Förvara eventuella rester i en lufttät behållare i kylen.

TOMATSALSA

22.Grillad chilesalsa

INGREDIENSER:
- 3 stora tomater, tärnade
- 1 lök, skalad och tärnad
- ⅓kopp färsk koriander, tärnad
- 3 matskedar Färsk limejuice
- 2 Poblano-peppar, grillad och tärnad
- 1 tsk finhackad vitlök

INSTRUKTIONER:
Att grilla Poblano-peppar ger den en fin rökig smak.
Blanda alla ingredienser i en form och smaka av med salt och peppar.
Kyl i 1 timme för att blanda smaker. Servera med din favoriträtt med Tex-Mex.

23. Arbol-avocado salsa

INGREDIENSER:
- ½ pund italienska romska tomater
- ¾ pounds Tomatillos, skalade
- ⅓ kopp(12 till 15)Arbol chili
- ½ knippe koriander
- 1 måttlig vit lök, tärnad
- 2 matskedar Malen spiskummin
- 4 vitlöksklyftor, krossade
- 2 koppar vatten
- 1 tsk salt
- ½ tsk Nymalen svartpeppar
- 1 avokado

INSTRUKTIONER:
a) Värm upp Blackstone-grillen. Lägg tomaterna och tomaterna på en bakplåt. Grilla, rotera då och då, upp tills de är genomstekta, 10 till 12 minuter
b) Flytta till en kastrull tillsammans med resten av ingredienserna.
c) Koka upp blandningen och koka tills löken är mjuk, 12 till 15 minuter. Flytta till en matberedare eller mixer. Puré och sila sedan
d) Servera i rumstemperatur eller lätt kyld. Arbolsalsa kan förvaras i kylskåp 3 till 5 dagar eller frysas i veckor.
e) Strax före portion, rör ner avokadon

24. Clear creek picante salsa

INGREDIENSER:
- 1 msk olivolja
- 1 varje liten lök, hackad
- 5 st vitlöksklyftor, finhackad
- 3 st tomater, skalade
- 1 varje färsk ancho chilipeppar
- 1 st gul paprika
- 4 uns kan tärnad grön chili
- 1 tsk salt
- ¼tsk malen spiskummin
- 1 msk vitlökspulver
- 3 msk balsamvinäger
- 3 msk limejuice
- 1 msk torkad koriander
- 1 msk olivolja
- 1 e liten lök, finhackad
- 5 st vitlöksklyftor, hackad
- 3 st tomater, skalade, kärnade, tärnade grovt
- 1 ea färsk ancho chilipeppar, kärnad och finhackad
- 1 e gul paprika, kärnad och finhackad
- 4 oz burk tärnad grön chili
- 1 ts salt
- ¼ts mald spiskummin
- 1 msk vitlökspulver
- 3 msk balsamvinäger
- 3 msk limejuice
- 1 msk torkad koriander

INSTRUKTIONER:

a) Fräs lök och vitlök i olivolja på medelvärme tills de är mjuka

b) Tillsätt resten av ingredienserna förutom korianderröra och kontrollera sedan om det finns salt. Tillsätt mer om så önskas. Sänk värmen till låg, Täck med lock och låt sjuda i 30 minuter.

c) Ta ut Täck med lock och låt sjuda ytterligare 30 minuter eller upp tills det tjocknat.

d) Ta bort från värmen och tillsätt koriander och rör om. Kyl salsan över natten före användning. Servera som en dipp för chips eller som en kryddig topping på din mexikanska eller texmex-favoritmat

25. Italiensk salsa

INGREDIENSER:
- Mandel
- 1 stor röd paprika
- 12 stora basilikablad
- 1 stor vitlöksklyfta
- 1 Jalapeno chili, halverad och kärnad
- 4 Oljepackade soltorkade tomater
- ¼ stor rödlök
- ¼ c upp olivolja
- 1 msk balsamvinäger*ELLER
- 2 msk rödvinsvinäger och nypa socker
- 1 msk rödvinsvinäger
- ½ tsk salt
- 2 stora tomater
- 10 Kalamata oliver
- Färska basilikablad

INSTRUKTIONER:
a) Hetta upp Blackstone-grillen. Skär paprikan på längden i 4 bitar, kassera kärnan och fröna.
b) Lägg i ett lager på folieklädd plåt med skinnsidan uppåt.
c) Grilla 6 tum från värmekällan upp tills huden är svart.
d) Ta ut från grillen och slå in tätt i folie.
e) Låt vila i minst 10 minuter. Ta ut skinnet, skär peppar i ½-tums tärningar.
f) Stålkniv: Placera 12 basilikablad i en torr arbetsskål. Med maskinen igång, släpp vitlök och chili genom matarröret och bearbeta tills det är malet.
g) Tillsätt soltorkade tomater och lök och grovhacka med flera på/av-varv. Tillsätt olivolja, både vinäger och salt och bearbeta tills det är blandat, cirka 5 sekunder.
h) Flytta innehållet i arbetsformen till en stor blandningsform. Tillsätt paprika, tomater och oliver och blanda försiktigt.

26. Tomat Jalapeno salsa

INGREDIENSER:
- 3 Tomat
- 1 grön paprika
- 3 matskedar Jalapenopeppar
- ¼ c upp lök
- ¼ Citron

INSTRUKTIONER:
a) Blanda tärnade ingredienser i en skål. Tillsätt citronsaft och fruktkött och blanda noggrant.
b) Kyl innan portion.
c) Servera med knapriga tortillachips, på selleribitar eller andra råa grönsaker, som en sås i tacos eller närhelst en kryddig salsa önskas.

27.Ananas Mango Salsa

INGREDIENSER:
- 1 kopp tärnade tomater
- 1/2 kopp tärnad ananas
- 1/2 kopp tärnad mango
- 1/4 kopp finhackad rödlök
- 1/4 kopp hackad färsk koriander
- Saft av 1 lime
- Salta och peppra efter smak

INSTRUKTIONER:
a) I en skål, kombinera tärnade tomater, ananas, mango, rödlök och koriander.
b) Pressa limesaften över salsan och blanda ihop.
c) Krydda med salt och peppar efter smak.
d) Låt salsan sitta i cirka 10-15 minuter så att smakerna smälter samman.
e) Servera med tortillachips eller som topping till grillad kyckling eller fisk.

28.Majs och svarta bönor salsa

INGREDIENSER:

- 1 kopp tärnade tomater
- 1 kopp konserverade svarta bönor, sköljda och avrunna
- 1 kopp kokta majskärnor (färska eller frysta)
- 1/4 kopp tärnad rödlök
- 1/4 kopp hackad färsk koriander
- Saft av 1 lime
- 1/2 tsk malen spiskummin
- Salta och peppra efter smak

INSTRUKTIONER:

a) I en skål, kombinera tärnade tomater, svarta bönor, majs, rödlök och koriander.
b) Pressa limesaften över salsan och strö över malen spiskummin.
c) Krydda med salt och peppar efter smak.
d) Rör om väl för att kombinera.
e) Låt salsan sitta i cirka 10-15 minuter innan servering så att smakerna smälter samman.
f) Njut med tortillachips eller som topping till tacos eller quesadillas.

29.Pico de Gallo Salsa

INGREDIENSER:

- 2 dl tärnade tomater
- 1/2 kopp tärnad rödlök
- 1/4 kopp hackad färsk koriander
- 2 msk tärnad jalapeno (fröna avlägsnas för mindre värme)
- Saft av 1 lime
- Salt att smaka

INSTRUKTIONER:

a) I en skål, kombinera tärnade tomater, rödlök, koriander och jalapeno.
b) Pressa limesaften över salsan.
c) Smaka av med salt efter smak och rör om väl för att kombinera.
d) Låt salsan sitta i cirka 10-15 minuter innan servering så att smakerna smälter samman.
e) Servera som topping till tacos, grillat kött eller tillsammans med chips.

30.Vattenmelon Tomat Salsa

INGREDIENSER:
- 1 kopp tärnade tomater
- 1 kopp tärnad vattenmelon utan kärnor
- 1/4 kopp tärnad rödlök
- 1/4 kopp hackade färska myntablad
- Saft av 1 lime
- Salta och peppra efter smak

INSTRUKTIONER:
a) I en skål, kombinera tärnade tomater, vattenmelon, rödlök och myntablad.
b) Pressa limesaften över salsan.
c) Krydda med salt och peppar efter smak.
d) Blanda försiktigt för att kombinera alla ingredienser.
e) Låt salsan sitta i cirka 10-15 minuter innan servering så att smakerna smälter samman.
f) Servera kyld som ett uppfriskande tillbehör eller som topping till grillad fisk eller räkor.

31. Tomat Avokado Majs Salsa

INGREDIENSER:

- 1 kopp tärnade tomater
- 1 kopp kokta majskärnor (färska eller frysta)
- 1 mogen avokado, tärnad
- 1/4 kopp finhackad rödlök
- 1/4 kopp hackad färsk koriander
- Saft av 1 lime
- Salta och peppra efter smak

INSTRUKTIONER:

a) I en skål, kombinera tärnade tomater, majskärnor, tärnad avokado, rödlök och koriander.
b) Pressa limesaften över salsan.
c) Krydda med salt och peppar efter smak.
d) Blanda försiktigt för att kombinera alla ingredienser.
e) Låt salsan sitta i cirka 10-15 minuter innan servering så att smakerna smälter samman.
f) Servera med tortillachips eller som topping till tacos eller grillad kyckling.

32. Mango Habanero Salsa

INGREDIENSER:
- 1 kopp tärnade tomater
- 1 kopp tärnad mango
- 1 habaneropeppar, kärnad och finhackad
- 1/4 kopp tärnad rödlök
- 1/4 kopp hackad färsk koriander
- Saft av 1 lime
- Salt att smaka

INSTRUKTIONER:
a) I en skål, kombinera de tärnade tomaterna, tärnad mango, hackad habaneropeppar, rödlök och koriander.
b) Pressa limesaften över salsan.
c) Smaka av med salt efter smak.
d) Rör om väl för att kombinera alla ingredienser.
e) Låt salsan sitta i cirka 10-15 minuter innan servering så att smakerna smälter samman.
f) Servera med grillad fisk, räkor eller som topping till tacos.

33. Tomatillo Salsa Verde

INGREDIENSER:
- 1 lb (450 g) tomatillos, skal borttagna och sköljda
- 1 jalapenopeppar, halverad och kärnad
- 1/2 kopp hackad lök
- 2 vitlöksklyftor
- 1/4 kopp hackad färsk koriander
- Saft av 1 lime
- Salt att smaka

INSTRUKTIONER:
a) Förvärm broilern i din ugn.
b) Lägg halvorna av tomatillos och jalapenopeppar på en plåt.
c) Stek i 5-7 minuter, vänd halvvägs tills den är förkolnad och mjuk.
d) Överför de stekta tomaterna och jalapenopeppar till en mixer eller matberedare.
e) Tillsätt hackad lök, vitlök, koriander och limejuice i mixern.
f) Mixa tills det är slätt.
g) Smaka av med salt efter smak och justera vid behov konsistensen genom att tillsätta lite vatten.
h) Servera tomatillo salsa verde med chips, tacos eller grillat kött.

34.Rostad röd paprika salsa

INGREDIENSER:

- 1 kopp tärnade tomater
- 1 kopp tärnad rostad röd paprika
- 1/4 kopp finhackad rödlök
- 2 msk hackad färsk persilja
- Saften av 1 citron
- Salta och peppra efter smak

INSTRUKTIONER:

a) I en skål, kombinera de tärnade tomaterna, tärnad rostad röd paprika, rödlök och persilja.
b) Pressa citronsaften över salsan.
c) Krydda med salt och peppar efter smak.
d) Rör om väl för att kombinera alla ingredienser.
e) Låt salsan sitta i cirka 10-15 minuter innan servering så att smakerna smälter samman.
f) Servera som topping till grillad kyckling, fisk, eller som dipp med tortillachips.

TOMATCHUTNEYS

35. Fruktgrill chutney

INGREDIENSER:
- 16 små schalottenlök
- 1¼ kopp torrt vitt vin
- 4 måttliga s Aprikoser
- 2 stora persika
- 2 hela plommontomater
- 12 hela katrinplommon
- 2 måttliga s Vitlöksklyftor
- 2 matskedar sojasås med låg natriumhalt
- ½ kopp mörkt farinsocker
- ¼tsk röd paprikaflingor

INSTRUKTIONER:
a) Blanda schalottenlök och vin i en liten kastrull; låt koka upp på hög värme.
b) Sänk värmen till måttlig låg och låt puttra, under lock, upp tills schalottenlökarna är mjuka, 15 till 20 minuter
c) Blanda resterande ingredienser i en stor kastrull, tillsätt schalottenlök och vin och låt koka upp på hög värme. Sänk värmen till måttlig, koka upp tills frukterna har brutits ner men fortfarande är något tjocka, 10 till 15 minuter. Låt svalna.
d) Flytta bråkdel av såsen till en matberedare och puré. Använd detta som saltlake.

36. Aubergine Och Tomatchutney

INGREDIENSER:

- 1,5 kg mogna ägg eller vinmogna tomater
- 1 ½ tsk fänkålsfrön
- 1 ½ tsk kumminfrön
- 1 ½ tsk bruna senapsfrön
- ¼ kopp extra virgin olivolja
- 2 rödlökar, fint hackade
- 2 vitlöksklyftor, fint hackade
- 2 röda fågelperspektiv chili, kärnade och finhackade
- 2 tsk timjanblad
- 450 g aubergine, skuren i 1 cm bitar
- 3 Granny Smith-äpplen, skalade, urkärnade och skurna i 1 cm bitar
- 1 kopp rödvinsvinäger
- 1 kopp fast packat farinsocker

INSTRUKTIONER:

a) Gör ett litet korsformat snitt vid basen av varje tomat, blanchera dem sedan i tre separata omgångar i en kastrull med kokande vatten i cirka 30 sekunder eller tills skalet börjar lossna. Kyl dem sedan snabbt i ett handfat fyllt med kallt vatten och skala sedan tomaterna.

b) Dela de skalade tomaterna på mitten horisontellt och gröp ur fröna och saften i en skål; lägg dessa åt sidan. Hacka köttet av tomaterna grovt och ställ det åt sidan också.

c) I en stor, tung baserad kastrull, rör om fänkålsfrön, spiskummin och bruna senapsfrön på medelvärme i cirka 1 minut, eller tills de blir doftande. Överför sedan dessa kryddor till en skål.

d) Sätt tillbaka kastrullen på medelvärme, tillsätt olivoljan. Tillsätt nu finhackad lök, vitlök, chili, timjan och 3 teskedar salt. Rör om då och då och koka i ca 5 minuter.

e) Tillsätt auberginen i blandningen och fortsätt att koka, rör om då och då, i cirka 8 minuter, eller tills grönsakerna blivit mjuka. Tillsätt det hackade tomatköttet, de tidigare rostade kryddorna, äpplena, rödvinsvinäger och farinsocker.

f) Sila av den reserverade tomatjuicen i kastrullen och kassera fröna. Låt blandningen sjuda och låt den sedan koka i cirka 45 minuter, eller tills det mesta av vätskan har avdunstat.

g) Häll upp den varma chutneyn i steriliserade burkar medan den fortfarande är varm och förslut burkarna omgående.

37.Tomatchutney Med Chile

INGREDIENSER:
- 1 tsk spiskummin
- 1 tsk svarta senapsfrön
- 1 tsk korianderfrön
- 1 tsk fänkålsfrön
- 4 torkade chili
- ½ tsk röd paprikaflingor
- 2 koppar vit vinäger
- ½ kopp socker
- 8 koppar skalade, hackade och avrunna roma eller andra pastatomater
- 12 vitlöksklyftor, hackade
- 1 tsk inläggningssalt

INSTRUKTIONER:

a) I en het, torr stekpanna, kombinera spiskummin, senapsfrön, korianderfrön, fänkålsfrön och chili. Rosta kryddorna under konstant omrörning tills de doftar. Överför kryddorna till en liten skål. Tillsätt rödpepparflingorna. Avsätta.

b) Kombinera vit vinäger och socker i en stor gryta på medelvärme. Låt koka upp, rör om för att lösa upp sockret.

c) Tillsätt tomater, reserverade kryddor och vitlök. Koka upp. Sänk värmen till medium. Sjud i ca 1½ timme, eller tills den tjocknat. Rör om då och då i början och oftare när det tjocknar. När det tjocknat, rör ner saltet och ta bort från värmen.

d) Förbered ett varmt vattenbad. Placera burkarna i den för att hålla värmen. Tvätta locken och ringarna i varmt tvålvatten och ställ åt sidan.

e) Häll chutneyn i de förberedda burkarna, lämna ½ tum av utrymme. Använd ett icke-metalliskt redskap för att släppa ut eventuella luftbubblor. Torka av fälgarna och täta med lock och ringar.

f) Bearbeta burkarna i ett varmt vattenbad i 15 minuter. Stäng av värmen och låt burkarna vila i vattenbadet i 10 minuter.

g) Ta försiktigt bort burkarna från varmvattenbehållaren. Ställ åt sidan för att svalna i 12 timmar.

h) Kontrollera locken för korrekta tätningar. Ta bort ringarna, torka av burkarna, etikettera och datera dem och överför till ett skåp eller skafferi.

i) För bästa smak, låt chutneyn härda i 3 till 4 veckor innan servering. Kyl alla burkar som inte tätar ordentligt och använd inom 6 veckor. Rätt förslutna burkar räcker i skåpet i 12 .

38.Majs Och Tomatchutney

INGREDIENSER:
- 1 kopp färska majskärnor
- 2 tomater, hackade
- 1 lök, hackad
- 2 vitlöksklyftor, hackade
- 1-tums bit ingefära, riven
- 2 gröna chili
- 1 matsked vegetabilisk olja
- 1 tsk senapsfrön
- 1/2 tsk gurkmejapulver
- Salt att smaka
- Färska korianderblad till garnering

INSTRUKTIONER:
a) Hetta upp olja i en panna på medelvärme. Tillsätt senapsfrön och låt dem spritsa.
b) Tillsätt hackad lök, hackad vitlök, riven ingefära och grön chili. Fräs tills löken är mjuk och genomskinlig.
c) Tillsätt färska majskärnor och hackade tomater. Koka tills tomaterna är mjuka och majsen mjuk.
d) Rör ner gurkmejapulver och salt. Blanda väl och koka ytterligare en minut.
e) Ta av från värmen och låt chutneyn svalna något. Garnera med färska korianderblad före servering.

39.Kryddig grön tomatchutney

INGREDIENSER:
- 2 dl gröna tomater, tärnade
- 1 lök, finhackad
- 2 gröna chili, hackade
- 2 vitlöksklyftor, hackade
- 1-tums bit ingefära, riven
- 1/4 kopp äppelcidervinäger
- 2 msk farinsocker
- 1/2 tsk senapsfrön
- 1/2 tsk spiskummin
- 1/4 tsk gurkmejapulver
- Salt att smaka

INSTRUKTIONER:
a) Hetta upp olja i en panna på medelvärme. Tillsätt senapsfrön och spiskummin. Låt dem spränga.
b) Tillsätt hackad lök, grön chili, hackad vitlök och riven ingefära. Fräs tills löken blir genomskinlig.
c) Lägg i tärnade gröna tomater och koka tills de mjuknat.
d) Rör ner äppelcidervinäger, farinsocker, gurkmejapulver och salt. Koka tills blandningen tjocknar något.
e) Låt chutneyn svalna helt innan du överför den till steriliserade burkar. Förvara i kylen.

40.Capsicum (Bell Pepper) Och Tomat Chutney

INGREDIENSER:
- 2 medelstora tomater, tärnade
- 2 medelstora paprika (paprika), tärnade
- 1 lök, finhackad
- 2 gröna chili, hackade
- 1 msk ingefära-vitlökspasta
- 1 tsk senapsfrön
- 1 tsk spiskummin
- 1/2 tsk gurkmejapulver
- 1 tsk rött chilipulver
- 1 matsked vinäger
- Salt att smaka
- 2 matskedar olja

INSTRUKTIONER:
a) Hetta upp olja i en panna. Tillsätt senapsfrön och spiskummin. Låt dem spränga.
b) Tillsätt hackad lök och grön chili. Fräs tills löken blir gyllenbrun.
c) Tillsätt ingefära-vitlökspasta och fräs i en minut.
d) Tillsätt tärnade tomater och paprika. Koka tills de mjuknar.
e) Rör ner gurkmejapulver, röd chilipulver, vinäger och salt. Koka ytterligare några minuter tills chutneyn tjocknar.
f) Låt chutneyn svalna helt innan du förvarar den i steriliserade burkar. Kyl och använd inom några veckor.

41.Bockhornsklöver Grodd Och Tomatchutney

INGREDIENSER:
- 2 koppar bockhornsklöver groddar
- 4 tomater, hackade
- 1 lök, hackad
- 2 gröna chili, hackade
- Vitlöksklyftor, hackade
- Senapsfrön
- Kummin frön
- currylöv
- Salt att smaka
- Olja för matlagning

INSTRUKTIONER:
a) Värm olja i en panna och tillsätt senapsfrön, spiskummin och curryblad. Låt dem sprattla.
b) Tillsätt hackad lök, grön chili och hackad vitlök. Fräs tills löken är genomskinlig.
c) Tillsätt hackade tomater och koka tills de blivit mjuka.
d) Rör ner bockhornsklöver och koka några minuter.
e) Smaka av med salt och fortsätt koka tills blandningen tjocknar.
f) Servera bockhornsklöver och tomatchutney med ris eller som tillbehör.

42. Basilika Och Soltorkad Tomatchutney

INGREDIENSER:
- 2 dl färska basilikablad
- 1/2 kopp soltorkade tomater (förpackade i olja), avrunna
- 1/4 kopp pinjenötter, rostade
- 2 vitlöksklyftor
- 1/4 kopp riven parmesanost
- 1/4 kopp extra virgin olivolja
- Salta och peppra efter smak

INSTRUKTIONER:
a) I en matberedare, kombinera färska basilikablad, soltorkade tomater, rostade pinjenötter, vitlöksklyftor och riven parmesanost.
b) Pulsera tills blandningen bildar en tjock pasta.
c) Med matberedaren igång, ringla långsamt i olivoljan tills blandningen är väl blandad.
d) Krydda med salt och peppar efter smak.
e) Lägg över basilika och soltorkade tomatchutney i en burk och ställ i kylen tills den ska användas. Det är fantastiskt att slänga med pasta, sprida på bruschetta eller serveras med grillad kyckling eller fisk.

43.Sötsyrlig papayachutney

INGREDIENSER:
- 1 papaya (färsk, mogen eller burk)
- 1 liten rödlök; Segmenterad mycket tunn
- 1 måttlig tomat-(till 2); kärnade, små tärningar
- ½ kopp Segmenterad salladslök
- 1 liten ananas, skär i bitar
- 1 matsked honung
- Salt att smaka
- Nymalen svartpeppar, efter smak
- ½ Färsk jalapeno; fint tärnad

INSTRUKTIONER:
a) Blanda allt väl.

TOMATPESTO

44. Basilika soltorkad tomatpesto

INGREDIENSER:
- 1 1/2 dl färska basilikablad
- 1/2 dl soltorkade tomater i olja, avrunna
- 1/3 kopp mandel, rostad
- 2 vitlöksklyftor
- 1/2 kopp olivolja
- 1/2 kopp riven parmesanost
- Salt att smaka

INSTRUKTIONER:
a) Mixa basilika, soltorkade tomater, mandel och vitlök i en matberedare tills de är grovt hackade.
b) Häll gradvis i olivolja tills blandningen är slät.
c) Lägg över i en skål och blanda i parmesanost. Salt att smaka.
d) Förvara i kylen eller servera direkt.

45. Soltorkad pestosås

INGREDIENSER:
- 1 kopp packad soltorkad tomat
- 1/4 kopp limejuice
- 1 kopp mandel
- salt
- 1 chilipeppar, hackad
- 1 dl hackad tomat

INSTRUKTIONER:
a) Innan du gör något, förvärm ugnen till 350 F.
b) Skaffa en mixerskål: Lägg den soltorkade tomaten i den. Täck den med kokande vatten och låt den sitta i 16 minuter för att mjukna.
c) Bred ut mandlarna på en plåt i ett jämnt lager. Sätt in den i ugnen och låt dem koka i 9 min.
d) Stäng av värmen och låt mandeln svalna en stund.
e) Hacka mandlarna grovt och lägg dem åt sidan.
f) Låt de soltorkade tomaterna rinna av.
g) Skaffa en mixer: Blanda de soltorkade tomaterna med mandel och de återstående ingredienserna i den. Mixa dem släta.
h) Häll upp dressingen i en burk och förslut den. Ställ den i kylen tills den ska serveras.
i) Du kan servera dem dressing med en smörgås, grillat kött eller en sallad.

46.Ostaktig kronärtskocka pesto

INGREDIENSER:
- 2 dl färska basilikablad
- 2 msk smulad fetaost
- 1/4 kopp nyriven parmesanost 1/4 kopp pinjenötter, rostade
- 1 kronärtskocka hjärta, grovt hackat
- 2 msk hackade oljepackade soltorkade tomater
- 1/2 kopp extra virgin olivolja
- 1 nypa salt och svartpeppar efter smak

INSTRUKTIONER:
a) I en stor matberedare, tillsätt alla ingredienser utom oljan och kryddorna och mixa tills det blandas.
b) Medan motorn går långsamt, tillsätt oljan och pulsera tills den är jämn.
c) Krydda med salt och svartpeppar och servera.

47. Fransk getostpesto

INGREDIENSER:

- 1 (8 oz.) paket getost, uppmjukad
- 1 (8 oz.) burk pesto, eller efter behov
- 3 tomater, hackade

INSTRUKTIONER:

a) I en stor serveringsfat, skiva osten i ett 1/4-tums lager.
b) Lägg peston över osten jämnt i ett tunt lager, följt av tomaterna.
c) Njut av detta dopp med det skivade franska brödet.

48.Feta och soltorkad tomatpesto

INGREDIENSER:

- 2 dl färska basilikablad
- 1/2 kopp soltorkade tomater (förpackade i olja), avrunna
- 1/2 dl smulad fetaost
- 1/3 kopp rostade pinjenötter
- 2 vitlöksklyftor
- 1/3 kopp extra virgin olivolja
- Salta och peppra efter smak

INSTRUKTIONER:

a) I en matberedare, kombinera basilika, soltorkade tomater, fetaost, pinjenötter och vitlök. Pulsera tills det är fint hackat.
b) Under bearbetningen, tillsätt olivolja gradvis tills peston är slät.
c) Krydda med salt och peppar efter smak.
d) Denna smakrika pesto är utsökt slängd med pasta, bred på smörgåsar eller serverad som dipp till bröd.

49.Rostad röd paprika och tomatpesto

INGREDIENSER:

- 1 kopp rostad röd paprika (från en burk), avrunnen
- 1 dl soltorkade tomater (förpackade i olja), avrunna
- 2 vitlöksklyftor, hackade
- 1/4 kopp riven parmesanost
- 1/4 kopp pinjenötter, rostade
- 1/4 kopp extra virgin olivolja
- Salta och peppra efter smak

INSTRUKTIONER:

a) Kombinera den rostade röda paprikan, soltorkade tomaterna, hackad vitlök, parmesanost och pinjenötter i en matberedare.
b) Pulsera tills ingredienserna är finhackade.
c) Med matberedaren igång, tillsätt gradvis olivoljan tills peston når önskad konsistens.
d) Krydda med salt och peppar efter smak.
e) Servera den rostade röda paprikan och tomatpeston med pasta, bred på smörgåsar eller som dipp till bröd.

50.Pesto med kryddig tomat och basilika

INGREDIENSER:
- 1 dl körsbärstomater, halverade
- 1/4 kopp soltorkade tomater (förpackade i olja), avrunna
- 2 vitloksklyftor, hackade
- 1/4 kopp riven parmesanost
- 1/4 kopp pinjenötter, rostade
- 1/4 kopp färska basilikablad
- 1/4 tsk röd paprikaflingor (anpassa efter smak)
- 1/4 kopp extra virgin olivolja
- Salt att smaka

INSTRUKTIONER:

a) Värm lite olivolja på medelvärme i en stekpanna. Tillsätt körsbärstomaterna och koka tills de är mjuka och lätt karamelliserade, ca 5-7 minuter.

b) I en matberedare, kombinera de kokta körsbärstomaterna, soltorkade tomaterna, hackad vitlök, parmesanost, pinjenötter, basilikablad och rödpepparflingor.

c) Pulsera tills ingredienserna är finhackade.

d) Med matberedaren igång, tillsätt gradvis olivoljan tills peston når önskad konsistens.

e) Smaka av med salt efter smak.

f) Servera den kryddiga tomat- och basilikapeston slängd med pasta, bred på bruschetta eller som topping till grillad kyckling eller fisk.

51.Tomat valnötspesto

INGREDIENSER:

- 1 kopp körsbärstomater
- 1/4 kopp soltorkade tomater (förpackade i olja), avrunna
- 2 vitlöksklyftor, hackade
- 1/4 kopp riven parmesanost
- 1/4 kopp valnötter, rostade
- 1/4 kopp färska basilikablad
- 1/4 kopp extra virgin olivolja
- Salta och peppra efter smak

INSTRUKTIONER:

a) Värm ugnen till 400°F (200°C). Lägg körsbärstomaterna på en plåt och rosta i 15-20 minuter, eller tills de börjar spricka och karamelliseras.
b) Kombinera de rostade körsbärstomaterna, soltorkade tomaterna, hackad vitlök, parmesanost, valnötter och basilikablad i en matberedare.
c) Pulsera tills ingredienserna är finhackade.
d) Med matberedaren igång, tillsätt gradvis olivoljan tills peston når önskad konsistens.
e) Krydda med salt och peppar efter smak.
f) Servera tomatvalnötspeston slängd med pasta, bred på crostini eller som topping till grillade grönsaker.

52.Tomat Pesto Rosso

INGREDIENSER:

- 1 dl soltorkade tomater (förpackade i olja), avrunna
- 2 vitlöksklyftor, hackade
- 1/4 kopp riven parmesanost
- 1/4 kopp pinjenötter, rostade
- 1/4 kopp färska basilikablad
- 1/4 kopp extra virgin olivolja
- Salta och peppra efter smak

INSTRUKTIONER:

a) Kombinera de soltorkade tomaterna, hackad vitlök, parmesanost, pinjenötter och basilikablad i en matberedare.
b) Pulsera tills ingredienserna är finhackade.
c) Med matberedaren igång, tillsätt gradvis olivoljan tills peston når önskad konsistens.
d) Krydda med salt och peppar efter smak.
e) Servera tomatpesto rosso slängd med pasta, bred på smörgåsar, eller som dipp till brödpinnar.

53.Tomat och mandelpesto

INGREDIENSER:

- 1 dl soltorkade tomater (förpackade i olja), avrunna
- 1/4 kopp mandel, rostad
- 2 vitlöksklyftor, hackade
- 1/4 kopp riven parmesanost
- 1/4 kopp färska basilikablad
- 1/4 kopp extra virgin olivolja
- Salta och peppra efter smak

INSTRUKTIONER:

a) I en matberedare, kombinera de soltorkade tomaterna, rostade mandlarna, hackad vitlök, parmesanost och basilikablad.
b) Pulsera tills ingredienserna är finhackade.
c) Med matberedaren igång, tillsätt gradvis olivoljan tills peston når önskad konsistens.
d) Krydda med salt och peppar efter smak.
e) Servera tomat- och mandelpeston slängd med pasta, bred på smörgåsar, eller som dipp för grönsakscrudites.

54.Tomat och cashew pesto

INGREDIENSER:
- 1 dl soltorkade tomater (förpackade i olja), avrunna
- 1/4 kopp cashewnötter, rostade
- 2 vitlöksklyftor, hackade
- 1/4 kopp riven parmesanost
- 1/4 kopp färska basilikablad
- 1/4 kopp extra virgin olivolja
- Salta och peppra efter smak

INSTRUKTIONER:
a) Kombinera de soltorkade tomaterna, rostade cashewnötterna, hackad vitlök, parmesanost och basilikablad i en matberedare.
b) Pulsera tills ingredienserna är finhackade.
c) Med matberedaren igång, tillsätt gradvis olivoljan tills peston når önskad konsistens.
d) Krydda med salt och peppar efter smak.
e) Servera tomat- och cashewpeston slängd med pasta, bred på crostini, eller som topping till grillad kyckling eller fisk.

55. Tomat och pistaschpesto

INGREDIENSER:
- 1 dl soltorkade tomater (förpackade i olja), avrunna
- 1/4 kopp skalade pistagenötter, rostade
- 2 vitlöksklyftor, hackade
- 1/4 kopp riven parmesanost
- 1/4 kopp färska basilikablad
- 1/4 kopp extra virgin olivolja
- Salta och peppra efter smak

INSTRUKTIONER:
a) Kombinera de soltorkade tomaterna, de rostade pistagenötterna, hackad vitlök, parmesanost och basilikablad i en matberedare.
b) Pulsera tills ingredienserna är finhackade.
c) Med matberedaren igång, tillsätt gradvis olivoljan tills peston når önskad konsistens.
d) Krydda med salt och peppar efter smak.
e) Servera tomat- och pistagepeston slängd med pasta, bred på bruschetta eller som dipp till brödpinnar.

56.Tomat och pumpafröpesto

INGREDIENSER:

- 1 dl soltorkade tomater (förpackade i olja), avrunna
- 1/4 kopp pumpafrön (pepitas), rostade
- 2 vitlöksklyftor, hackade
- 1/4 kopp riven parmesanost
- 1/4 kopp färska basilikablad
- 1/4 kopp extra virgin olivolja
- Salta och peppra efter smak

INSTRUKTIONER:

a) I en matberedare, kombinera de soltorkade tomaterna, rostade pumpafrön, hackad vitlök, parmesanost och basilikablad.
b) Pulsera tills ingredienserna är finhackade.
c) Med matberedaren igång, tillsätt gradvis olivoljan tills peston når önskad konsistens.
d) Krydda med salt och peppar efter smak.
e) Servera tomat- och pumpafröpeston slängd med pasta, bred på smörgåsar eller som topping för rostade grönsaker.

TOMATPASTASÅSER

57.Grundläggande pastasås

INGREDIENSER:
- 1 msk olja
- ½ röd paprika
- ½ grön paprika
- ½ lök
- ½ tsk vitlökspulver
- ½ tsk oregano
- ½ tsk persiljeflingor
- 1 msk varm sås
- 1 matsked socker
- 12-ounce burk tomatsås
- ½ kopp ketchup
- ½ kopp vatten

INSTRUKTIONER:
a) Värm olja i en kastrull på medelvärme och fräs paprika och lök i 3 minuter.
b) Tillsätt vitlök, oregano, persiljeflingor och varm sås.
c) Tillsätt tomatsås och vatten och koka i 3-4 minuter.
   a) Njut av!

58.Kryddad Pastasås

INGREDIENSER:
- 2 tsk olivolja
- 1 medelstor lök, hackad
- 2 msk vitlök, hackad
- 2 (15-ounce) burkar tomatsås (kan ersätta krossade eller stuvade tomater i en av burkarna om du gillar tomatbitar)
- 1 (6-ounce) burk tomatpuré
- 1 tsk torkad oregano
- 1 tsk torkad rosmarin
- 1/2 tsk krossade rödpepparflingor (kan uteslutas om du föredrar det)
- 3/4 tsk salt
- 1/4 tsk peppar
- 1 tsk socker

INSTRUKTIONER:
a) Värm eterisk olivolja på medelvärme i en stekpanna.
b) Lägg lök och fräs tills den är mjuk. Lägg vitlök och gör ytterligare en minut.
c) Rör som finns i tomatprodukter, oregano, rosmarin, krossad röd peppar, salt och peppar. Style såsen och tillsätt glukos om så önskas.
d) Koka upp minimalt, sänk sedan värmen och låt sjuda i cirka 10 minuter tills det verkligen tjocknat lite. Använd som önskat.

59.Citruspastasås

INGREDIENSER:
- 9 3/5 stora mogna tomater, i fjärdedelar och urkärnade och hackade
- 3 1/5 2 -4 matskedar olivolja
- 6 2/5 vitlöksklyftor, skalade, hackade
- 4/5 kopp tvättade torkade och stjälkade basilikablad, hackade
- 2/5 kopp italiensk persilja, tvättad och hackad
- 16 färska oliver, urkärnade och hackade (gröna eller svarta)
- 2/5 kopp kapris
- 3 1/5 msk balsamvinäger
- 1 3/5 tsk rivet apelsinskal eller 1 tsk citronskal
- salt & nymalen svartpeppar
- parmesanost, för att strö ovanpå färdig pasta

INSTRUKTIONER:
a) Blanda alla ingredienser (förutom ost) i en skål och blanda ihop.
b) Koka pasta, blanda med sås, strö över ost.

60.Öl Pastasås

INGREDIENSER:
- 1 (29-ounce) burk tomatpuré
- 12 uns öl
- 2 matskedar vitt socker
- 1 1/2 tsk vitlökspulver
- 1 1/2 tsk torkad basilika
- 1 1/2 tsk torkad oregano
- 1 tsk salt

INSTRUKTIONER:
a) Blanda alla ingredienser som finns i en kastrull.
b) Koka upp mer än medelhög värme.
c) Sänk värmen till medel-låg och låt sjuda i trettio minuter.

61. Calcutta pastasås

INGREDIENSER:
- 2 matskedar Smör
- 1½ matsked Kumminfrö; krossad
- 1 matsked Paprika
- 3 Vitlöksklyftor; mald
- 2 matskedar Färsk ingefära rot; mald
- 2 Jalapeños ; frösådda och malda
- 3½ kopp Hackade färska eller konserverade tomater
- 1 tesked Kardemumma; jord
- ½ matsked Garam masala
- ½ kopp Vanlig yoghurt
- ½ kopp Tung grädde
- ¼ kopp Färsk koriander; hackad

INSTRUKTIONER:
a) Fräs spiskummin, paprika, vitlök, ingefära och jalapeños i smör tills de är gyllene och doftar, cirka 5 minuter. Tillsätt tomater, kardemumma och garam masala.
b) Sjud försiktigt tills det tjocknat, 30 till 60 minuter .
c) Tillsätt yoghurt, valfri grädde och koriander.
d) Värm igenom, men koka inte. Servera över couscous eller pasta.

62. Kryddig napolitansk tomatsås

INGREDIENSER:
- 2 matskedar olivolja
- 4 vitlöksklyftor, hackade
- 1 lök, finhackad
- 1/2 tsk röd paprikaflingor (anpassa efter smak)
- 28 uns konserverade krossade tomater
- 1 tsk torkad oregano
- Salta och peppra efter smak

INSTRUKTIONER:
a) Hetta upp olivolja i en kastrull på medelvärme. Tillsätt hackad vitlök och hackad lök, fräs tills det mjuknat.
b) Rör ner rödpepparflingorna och koka ytterligare en minut.
c) Tillsätt krossade tomater, torkad oregano, salt och peppar.
d) Sjud i ca 20-25 minuter tills såsen tjocknar och smakerna smälter samman.
e) Justera krydda om det behövs och servera över kokt pasta för en kryddig kick.

63.Rostad vitlökstomat napolitansk sås

INGREDIENSER:
- 2 matskedar olivolja
- 6 vitlöksklyftor, skalade
- 28 uns konserverade krossade tomater
- 1 tsk torkad oregano
- 1 tsk torkad basilika
- Salta och peppra efter smak

INSTRUKTIONER:
a) Värm ugnen till 400°F (200°C). Lägg de skalade vitlöksklyftorna på en plåt och ringla över olivolja. Rosta i 15-20 minuter tills de är gyllene och doftar.
b) Värm olivolja på medelvärme i en kastrull. Tillsätt de rostade vitlöksklyftorna och koka ytterligare en minut.
c) Rör ner krossade tomater, torkad oregano, torkad basilika, salt och peppar.
d) Sjud i ca 20-25 minuter tills såsen tjocknar och smakerna smälter samman.
e) Justera krydda om det behövs och servera över kokt pasta för en fyllig och aromatisk sås.

64. Napolitansk balsamicotomatsås

INGREDIENSER:
- 2 matskedar olivolja
- 4 vitlöksklyftor, hackade
- 1 lök, finhackad
- 2 msk balsamvinäger
- 28 uns konserverade krossade tomater
- 1 tsk torkad oregano
- Salta och peppra efter smak

INSTRUKTIONER:
a) Hetta upp olivolja i en kastrull på medelvärme. Tillsätt hackad vitlök och hackad lök, fräs tills det mjuknat.
b) Rör ner balsamvinägern och koka ytterligare en minut.
c) Tillsätt krossade tomater, torkad oregano, salt och peppar.
d) Sjud i ca 20-25 minuter tills såsen tjocknar och smakerna smälter samman.
e) Justera krydda om det behövs och servera över kokt pasta för en syrlig och smakrik twist.

65.Tomat Caprese sås

INGREDIENSER:

- 2 matskedar olivolja
- 4 vitlöksklyftor, hackade
- 4 stora tomater, tärnade
- 1/2 kopp färska basilikablad, hackade
- 8 uns färsk mozzarella, tärnad
- Salta och peppra efter smak

INSTRUKTIONER:

a) Hetta upp olivolja i en kastrull på medelvärme. Tillsätt hackad vitlök och fräs tills det doftar.
b) Tillsätt de tärnade tomaterna och koka tills de börjar mjukna.
c) Rör ner de hackade basilikabladen och tärnad mozzarella. Koka tills mozzarellan börjar smälta.
d) Krydda med salt och peppar efter smak.
e) Servera över kokt pasta för en klassisk Caprese-sås.

66.Svamp- och tomatpastasås

INGREDIENSER:
- 2 matskedar olivolja
- 8 oz (225 g) champinjoner, skivade
- 4 vitlöksklyftor, hackade
- 1 burk (14 oz) tärnade tomater
- 1/2 kopp tomatsås
- 1 tsk torkad oregano
- Salta och peppra efter smak
- Färsk persilja, hackad (för garnering)

INSTRUKTIONER:
a) Hetta upp olivolja i en stekpanna på medelvärme. Tillsätt de skivade svamparna och koka tills de är gyllenbruna, ca 5-7 minuter.
b) Tillsätt hackad vitlök i stekpannan och fräs i 1-2 minuter tills den doftar.
c) Häll i de tärnade tomaterna och tomatsåsen. Rör ner den torkade oreganon.
d) Sjud såsen i cirka 10 minuter, rör om då och då.
e) Krydda med salt och peppar efter smak.

67.Tomat och olivpastasås

INGREDIENSER:
- 2 matskedar olivolja
- 1 lök, finhackad
- 4 vitlöksklyftor, hackade
- 1 burk (14 oz) tärnade tomater
- 1/2 kopp tomatsås
- 1/2 kopp skivade svarta oliver
- 1 tsk torkad basilika
- Salta och peppra efter smak
- Riven parmesanost (för garnering)

INSTRUKTIONER:
a) Hetta upp olivolja i en stekpanna på medelvärme. Tillsätt hackad lök och fräs tills den är genomskinlig, cirka 5 minuter.
b) Tillsätt hackad vitlök i stekpannan och koka i ytterligare 1-2 minuter tills den doftar.
c) Häll i de tärnade tomaterna och tomatsåsen. Rör ner de skivade svarta oliverna och torkad basilika.
d) Sjud såsen i cirka 10 minuter, rör om då och då.
e) Krydda med salt och peppar efter smak.
f) Servera tomat- och olivpastasåsen över kokt pasta. Garnera med riven parmesanost innan servering.

TOMAT MARINARA-SÅS

68.Chunky Marinara sås

INGREDIENSER:
- 1 kopp tärnad rödlök
- 1 kopp tärnad selleri
- 1 kopp tärnad zucchini
- 1 kopp tärnad svamp
- 4 koppar skalade, tärnade tomater (cirka 8 medelstora tomater)
- 1 kopp tomatjuice
- 2 msk tomatpuré
- 2 msk hackad färsk basilika
- 1 msk hackad färsk oregano
- 1 tsk finhackad vitlök

INSTRUKTIONER:
a) Börja med att skära lök, selleri, zucchini och svamp i ½-tums bitar.
b) Fräs de tärnade grönsakerna i balsamvinäger i en panna i cirka 5 minuter tills de mjuknat något.
c) Tillsätt de tärnade tomaterna i pannan, tillsammans med tomatjuice, tomatpuré, hackade örter (basilika och oregano) och hackad vitlök.
d) Låt såsen sjuda på medelvärme i cirka 20 minuter, eller tills den har reducerats med cirka en tredjedel.
e) När såsen har nått önskad konsistens och smakerna har smält, servera den över pasta för en utsökt måltid.

69. 30-minuters Marinara sås

INGREDIENSER:
- 28 uns konserverade tomater
- 16 uns tomatsås
- 5 ½ uns tomatpuré
- ½ kopp hackad grön paprika
- ½ kopp hackad lök
- ½ kopp tärnad zucchini
- 1 dl hackad svamp
- ½ kopp hackade morötter
- 1 tsk basilika
- 1 tsk mejram
- ½ tsk oregano
- ½ tsk rosmarin
- 3 hackad vitlöksklyfta
- 3 matskedar olivolja

INSTRUKTIONER:
a) Värm olivolja på medelvärme i en stor kastrull.
b) Tillsätt hackad grön paprika, lök, zucchini, champinjoner, morötter, hackad vitlök och örter (basilika, mejram, oregano, rosmarin) i kastrullen. Fräs tills löken är genomskinlig och grönsakerna mjuknat något.
c) Tillsätt konserverade tomater, tomatsås och tomatpuré i kastrullen. Bryt upp hela tomaterna med en sked.
d) Låt blandningen sjuda och låt koka i 30 minuter, rör om då och då.
e) När såsen har tjocknat och smakerna har smält, är den redo att användas i alla recept som kräver pastasås.

70.Vitlök Marinara

INGREDIENSER:

- 1 (8 oz) burk italienska plommontomater
- 2 vitlöksklyftor, krossade
- 2 matskedar olivolja
- 2 nypor oregano
- 1 tsk hackad persilja

INSTRUKTIONER:

a) Låt de italienska plommontomaterna rinna av och skär dem i små bitar.
b) Värm olivoljan på medelvärme i en sautépanna. Tillsätt pressad vitlök och fräs i cirka en minut, eller tills den är gyllene.
c) Ta bort vitlöken från pannan och kassera.
d) Tillsätt de hackade tomaterna i pannan och fräs i cirka 4 minuter tills de börjar mjukna.
e) Rör ner oregano och hackad persilja och fräs ytterligare en minut så att smakerna smälter samman.
f) Ta bort marinarasåsen från värmen och använd efter önskemål.

71.Pastasås Marinara

INGREDIENSER:
- 2 stora vitlöksklyftor, skalade
- 20 stora kvistar italiensk persilja, endast blad
- 1/2 kopp olivolja
- 2 pund mogna tomater eller samma mängd på burk
- Salt och nymalen svartpeppar

INSTRUKTIONER:
a) Finhacka vitlöksklyftorna och grovhacka bladpersiljebladen.
b) Värm olivoljan på medelvärme i en stor kastrull. Tillsätt hackad vitlök och persilja, fräs i cirka två minuter, se till att de inte får för mycket färg.
c) Om du använder färska tomater, skär dem i 1-tums bitar. Tillsätt antingen de färska eller konserverade tomaterna i pannan och koka i ytterligare 25 minuter, rör om då och då.
d) Passera innehållet i pannan genom en matkvarn, använd skivan med de minsta hålen. Alternativt kan du utelämna detta steg om du föredrar en sås med tomatbitar.
e) Smaka av såsen med salt och nymalen svartpeppar efter smak.
f) Minska såsen på medelvärme i ytterligare 10 minuter och servera sedan.

72. Salsa Marinara

INGREDIENSER:
- 1 kopp finhackad lök
- 2 vitlöksklyftor, hackade
- 1/3 kopp olivolja
- 2 pund fasta mogna tomater, urkärnade, skurna i 1-tums bitar - eller- 2 burkar (28-ounce) skalade hela italienska plommontomater
- Salta och nymalen peppar efter smak

INSTRUKTIONER:

a) Koka den hackade löken, den hackade vitlöken och olivoljan i en stor kastrull på måttlig värme, rör om då och då i cirka 5 minuter tills löken är mjuk.

b) Tillsätt tomaterna i kastrullen tillsammans med salt och nymalen peppar efter smak.

c) Sjud blandningen, täckt, rör om då och då, i cirka 20 minuter tills tomaterna mjuknat och smakerna har smält.

d) Om så önskas, puré blandningen i en matberedare eller mixer, eller passera den genom skivan på en matkvarn för en jämnare konsistens.

e) Servera salsa marinara över pasta, eller använd den som dippsås för bröd eller grönsaker.

73. Rostad vitlökstomat Marinara

INGREDIENSER:

- 2 lbs (ca 900 g) mogna tomater, halverade
- 1 lök, hackad
- 4 vitlöksklyftor, hackade
- 2 matskedar olivolja
- 1 tsk torkad oregano
- 1 tsk torkad basilika
- Salta och peppra efter smak
- Färska basilikablad, hackade (för garnering)

INSTRUKTIONER:

a) Värm ugnen till 400°F (200°C). Lägg de halverade tomaterna på en plåt med snittsidan uppåt.
b) Ringla över olivolja och strö över hackad vitlök, hackad lök, torkad oregano, torkad basilika, salt och peppar.
c) Rosta i ugnen i ca 30-40 minuter, eller tills tomaterna är karamelliserade och mjuknade.
d) Ta ut ur ugnen och låt svalna något. Överför de rostade tomaterna och vitlöken till en mixer eller matberedare och mixa tills det är slätt.
e) Hetta upp en matsked olivolja i en kastrull på medelvärme. Häll den blandade tomatblandningen i kastrullen.
f) Sjud såsen i cirka 15-20 minuter, rör om då och då, tills den tjocknar till önskad konsistens.
g) Smaka av med ytterligare salt och peppar om det behövs.
h) Servera den rostade vitlökstomatmarinarasåsen över kokt pasta eller använd som dippsås för brödpinnar. Garnera med hackade färska basilikablad före servering.

74. Svamp Tomat Marinara

INGREDIENSER:
- 2 matskedar olivolja
- 8 oz (225 g) champinjoner, skivade
- 1 lök, hackad
- 4 vitlöksklyftor, hackade
- 28 oz (800 g) krossade tomater på burk
- 1 tsk torkad oregano
- 1 tsk torkad basilika
- Salta och peppra efter smak
- Färsk persilja, hackad (för garnering)

INSTRUKTIONER:
a) Hetta upp olivolja i en stekpanna på medelvärme. Tillsätt skivad svamp och hackad lök. Fräs tills svampen är gyllenbrun och löken mjuknat, ca 5-7 minuter.
b) Tillsätt den hackade vitlöken i stekpannan och koka i ytterligare 1-2 minuter tills den doftar.
c) Häll i de krossade konserverade tomaterna och rör ner den torkade oregano och basilika. Krydda med salt och peppar efter smak.
d) Sjud såsen i cirka 15-20 minuter, rör om då och då, tills den tjocknar till önskad konsistens.
e) Smaka av och justera kryddningen om det behövs.
f) Servera svamptomatmarinarasåsen över kokt pasta. Garnera med hackad färsk persilja innan servering.

75. Zesty Red Pepper Tomat Marinara

INGREDIENSER:
- 2 matskedar olivolja
- 1 lök, hackad
- 4 vitlöksklyftor, hackade
- 28 oz (800 g) krossade tomater på burk
- 1 tsk torkad oregano
- 1 tsk torkad basilika
- 1/2 tsk röd paprikaflingor (anpassa efter smak)
- Salta och peppra efter smak
- Färska basilikablad, hackade (för garnering)

INSTRUKTIONER:

a) Hetta upp olivolja i en kastrull på medelvärme. Tillsätt den hackade löken och hackad vitlök. Fräs tills löken är genomskinlig och vitlöken doftar, ca 5-7 minuter.

b) Häll i de konserverade krossade tomaterna och rör ner de torkade oregano-, basilika- och rödpepparflingorna. Krydda med salt och peppar efter smak.

c) Sjud såsen i cirka 15-20 minuter, rör om då och då, tills den tjocknar till önskad konsistens.

d) Smaka av och justera kryddningen om det behövs.

e) Servera den saftiga tomatmarinarasåsen över kokt pasta. Garnera med hackade färska basilikablad före servering.

76.Spenat Tomat Marinara

INGREDIENSER:

- 2 matskedar olivolja
- 4 vitlöksklyftor, hackade
- 4 dl färska spenatblad
- 28 oz (800 g) krossade tomater på burk
- 1 tsk torkad oregano
- 1 tsk torkad basilika
- Salta och peppra efter smak
- Nyriven parmesanost (till garnering)

INSTRUKTIONER:

a) Hetta upp olivolja i en stekpanna på medelvärme. Tillsätt den hackade vitlöken och fräs i 1-2 minuter tills den doftar.
b) Tillsätt de färska spenatbladen i stekpannan och koka tills de vissnat, cirka 2-3 minuter.
c) Häll i de krossade konserverade tomaterna och rör ner den torkade oregano och basilika. Krydda med salt och peppar efter smak.
d) Sjud såsen i cirka 15-20 minuter, rör om då och då, tills den tjocknar till önskad konsistens.
e) Smaka av och justera kryddningen om det behövs.
f) Servera spenat tomatmarinarasås över kokt pasta. Garnera med nyriven parmesanost innan servering.

TOMAT ARRABBIATA-SÅS

77.Klassisk tomat Arrabbiatasås

INGREDIENSER:
- 2 matskedar olivolja
- 4 vitlöksklyftor, hackade
- 1/2 tsk röd paprikaflingor (anpassa efter smak)
- 28 uns konserverade krossade tomater
- Salta och peppra efter smak

INSTRUKTIONER:
a) Hetta upp olivolja i en kastrull på medelvärme.
b) Tillsätt hackad vitlök och röd paprikaflingor, fräs i 1-2 minuter tills det doftar.
c) Häll i de krossade tomaterna och smaka av med salt och peppar.
d) Sjud i ca 15-20 minuter tills såsen tjocknar. Justera krydda om det behövs.
e) Servera över kokt pasta och njut!

78.Rostad tomat Arrabbiatasås

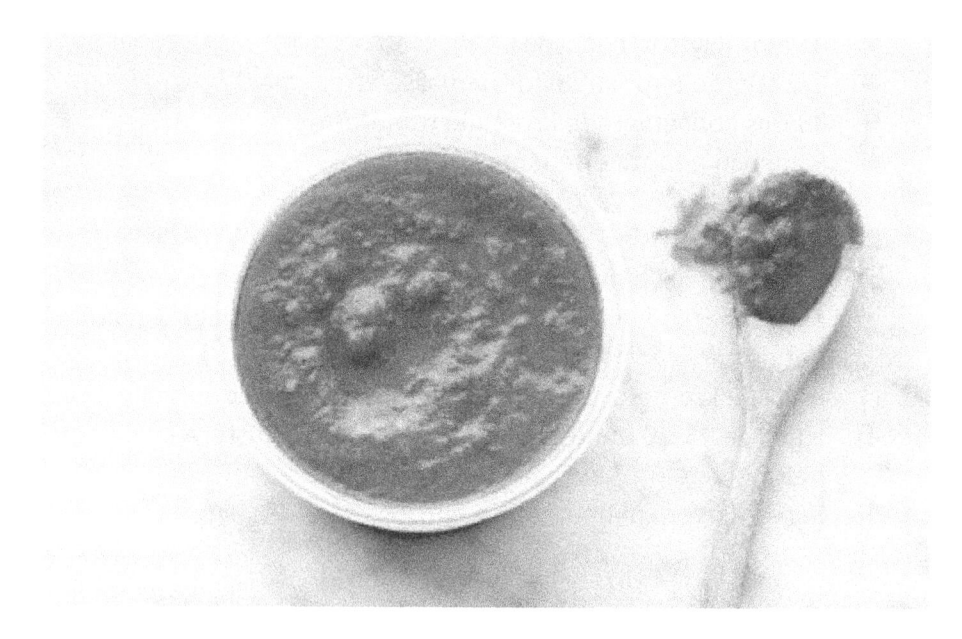

INGREDIENSER:

- 2 pund mogna tomater, halverade
- 2 matskedar olivolja
- 4 vitlöksklyftor, hackade
- 1/2 tsk röd paprikaflingor (anpassa efter smak)
- Salta och peppra efter smak

INSTRUKTIONER:

a) Värm ugnen till 400°F (200°C). Lägg de halverade tomaterna på en plåt.
b) Ringla över olivolja och smaka av med salt och peppar. Rosta i ca 30-40 minuter tills tomaterna är mjuka och karamelliserade.
c) Värm olivolja på medelvärme i en kastrull. Tillsätt hackad vitlök och rödpepparflingor, fräs i 1-2 minuter.
d) Tillsätt de rostade tomaterna i kastrullen och mosa dem med en gaffel eller potatisstöt.
e) Sjud i 10-15 minuter tills såsen tjocknar. Justera krydda om det behövs.
f) Servera över pasta och njut av den rika smaken av rostade tomater!

79.Kryddig tomat Arrabbiatasås med Pancetta

INGREDIENSER:

- 2 matskedar olivolja
- 4 uns pancetta, tärnad
- 4 vitlöksklyftor, hackade
- 1/2 tsk röd paprikaflingor (anpassa efter smak)
- 28 uns konserverade krossade tomater
- Salta och peppra efter smak

INSTRUKTIONER:

a) Hetta upp olivolja i en kastrull på medelvärme. Tillsätt tärnad pancetta och koka tills den är knaprig.
b) Tillsätt hackad vitlök och rödpepparflingor, fräs ytterligare en minut.
c) Häll i de krossade tomaterna och smaka av med salt och peppar.
d) Sjud i ca 15-20 minuter tills såsen tjocknar. Justera krydda om det behövs.
e) Servera över pasta för en ljuvligt kryddig och välsmakande rätt!

80.Vegansk tomat Arrabbiatasås

INGREDIENSER:
- 2 matskedar olivolja
- 4 vitlöksklyftor, hackade
- 1/2 tsk röd paprikaflingor (anpassa efter smak)
- 28 uns konserverade krossade tomater
- Salta och peppra efter smak
- Färska basilikablad, hackade (valfritt, för garnering)

INSTRUKTIONER:
a) Hetta upp olivolja i en kastrull på medelvärme. Tillsätt hackad vitlök och rödpepparflingor, fräs i 1-2 minuter.
b) Häll i de krossade tomaterna och smaka av med salt och peppar.
c) Sjud i ca 15-20 minuter tills såsen tjocknar. Justera krydda om det behövs.
d) Servera över kokt pasta och garnera med färska basilikablad för en levande och smakrik vegansk rätt!

81. Krämig tomat Arrabbiatasås

INGREDIENSER:
- 2 matskedar olivolja
- 4 vitlöksklyftor, hackade
- 1/2 tsk röd paprikaflingor (anpassa efter smak)
- 28 uns konserverade krossade tomater
- 1/2 kopp tung grädde
- Salta och peppra efter smak

INSTRUKTIONER:
a) Hetta upp olivolja i en kastrull på medelvärme. Tillsätt hackad vitlök och rödpepparflingor, fräs i 1-2 minuter.
b) Häll i de krossade tomaterna och låt koka upp.
c) Rör ner den tunga grädden och låt sjuda i ytterligare 5-10 minuter tills såsen tjocknar.
d) Krydda med salt och peppar efter smak.
e) Servera över kokt pasta för en fyllig och krämig twist på klassisk Arrabbiatasås!

82.Rostad röd paprika Arrabbiatasås

INGREDIENSER:
- 2 matskedar olivolja
- 1 lök, hackad
- 2 vitlöksklyftor, hackade
- 1/2 tsk röd paprikaflingor (anpassa efter smak)
- 2 rostade röda paprikor, skalade och hackade
- 28 uns konserverade krossade tomater
- Salta och peppra efter smak

INSTRUKTIONER:
a) Hetta upp olivolja i en kastrull på medelvärme. Tillsätt hackad lök och fräs tills den är genomskinlig.
b) Tillsätt hackad vitlök och rödpepparflingor, fräs ytterligare en minut.
c) Rör ner hackad rostad röd paprika och krossade tomater. Låt koka upp.
d) Sjud i ca 15-20 minuter tills såsen tjocknar.
e) Krydda med salt och peppar efter smak.
f) Servera över pasta för en smakrik och lätt rökig variant av Arrabbiatasås!

83.Soltorkad tomat Arrabbiatasås

INGREDIENSER:
- 2 matskedar olivolja
- 4 vitlöksklyftor, hackade
- 1/2 tsk röd paprikaflingor (anpassa efter smak)
- 1/2 kopp hackade soltorkade tomater (förpackade i olja)
- 28 uns konserverade krossade tomater
- Salta och peppra efter smak

INSTRUKTIONER:
a) Hetta upp olivolja i en kastrull på medelvärme. Tillsätt hackad vitlök och rödpepparflingor, fräs i 1-2 minuter.
b) Rör ner de hackade soltorkade tomaterna och konserverade krossade tomaterna. Låt koka upp.
c) Sjud i ca 15-20 minuter tills såsen tjocknar.
d) Krydda med salt och peppar efter smak.
e) Servera över kokt pasta för en syrlig och välsmakande twist på traditionell Arrabbiatasås!

84. Svamp Arrabbiata sås

INGREDIENSER:

- 2 matskedar olivolja
- 8 uns svamp, skivad
- 4 vitlöksklyftor, hackade
- 1/2 tsk röd paprikaflingor (anpassa efter smak)
- 28 uns konserverade krossade tomater
- Salta och peppra efter smak

INSTRUKTIONER:

a) Hetta upp olivolja i en kastrull på medelvärme. Tillsätt skivad svamp och fräs tills den är gyllenbrun.
b) Tillsätt hackad vitlök och rödpepparflingor, fräs ytterligare en minut.
c) Rör ner de krossade tomaterna på burk och låt koka upp.
d) Sjud i ca 15-20 minuter tills såsen tjocknar.
e) Krydda med salt och peppar efter smak.
f) Servera över kokt pasta för en rejäl och smakrik svamp Arrabbiatasås!

TOMATKRÄMSÅS

85.Soltorkad tomatsås

INGREDIENSER:
- 2 matskedar olivolja
- 2 vitlöksklyftor, hackade
- 1/2 dl soltorkade tomater, hackade
- 1 burk (14 uns) tärnade tomater
- 1 kopp tung grädde
- Salta och peppra efter smak
- Färsk persilja, hackad (valfritt, för garnering)

INSTRUKTIONER:
a) Hetta upp olivolja i en kastrull på medelvärme. Tillsätt hackad vitlök och fräs tills det doftar.
b) Tillsätt de hackade soltorkade tomaterna och tärnade tomaterna. Sjud i 10 minuter.
c) Rör ner den tunga grädden och fortsätt att sjuda i ytterligare 5 minuter tills såsen tjocknar.
d) Krydda med salt och peppar efter smak.
e) Garnera med färsk hackad persilja om så önskas.
f) Servera över kokt pasta för en rik och överseende soltorkad tomatgräddsås.

86.Vodka Tomatsås

INGREDIENSER:
- 2 matskedar olivolja
- 2 vitlöksklyftor, hackade
- 1 burk (14 uns) krossade tomater
- 1/4 kopp vodka
- 1 kopp tung grädde
- Salta och peppra efter smak
- Färsk basilika, hackad (valfritt, för garnering)

INSTRUKTIONER:
a) Hetta upp olivolja i en kastrull på medelvärme. Tillsätt hackad vitlök och fräs tills det doftar.
b) Häll i de krossade tomaterna och vodkan. Sjud i 10 minuter.
c) Rör ner den tunga grädden och fortsätt att sjuda i ytterligare 5 minuter tills såsen tjocknar.
d) Krydda med salt och peppar efter smak.
e) Garnera med färsk hackad basilika om så önskas.
f) Servera över kokt pasta för en lyxig vodka-infunderad tomatgräddsås.

87.Rostad vitlök tomat gräddsås

INGREDIENSER:

- 2 matskedar smör
- 4 vitlöksklyftor, rostade och mosade
- 1 burk (14 uns) krossade tomater
- 1 kopp tung grädde
- Salta och peppra efter smak
- Färsk timjan, hackad (valfritt, för garnering)

INSTRUKTIONER:

a) Smält smöret på medelvärme i en kastrull. Tillsätt den pressade rostade vitlöken och fräs i 1-2 minuter.
b) Häll i de krossade tomaterna och låt sjuda i 5-7 minuter.
c) Rör ner den tunga grädden och fortsätt att sjuda i ytterligare 5 minuter tills såsen tjocknar något.
d) Krydda med salt och peppar efter smak.
e) Garnera med färsk hackad timjan om så önskas.
f) Servera över kokt pasta för en välsmakande och aromatisk rostad vitlökstomatgräddsås.

88. Krämig körsbärstomatsås med parmesan

INGREDIENSER:
- 2 råga koppar hela körsbärstomater
- 2 till 3 matskedar grädde
- 1/3 kopp riven parmesanost
- Salta och peppra efter smak

INSTRUKTIONER:
a) Hetta upp en panna på medelvärme och tillsätt körsbärstomaterna. Koka tills tomaterna är mjuka och börjar spricka. Du kan hjälpa till med denna process genom att peta i tomaterna med en gaffel.
b) Häll ner saften i pannan och sänk sedan värmen.
c) Tillsätt grädden i pannan och låt koka tills den är varm.
d) Ta bort från värmen och rör ner riven parmesanost, salt och peppar.
e) Använd den här tomatgräddsåsen som pasta eller pizzasås, bred ut den ovanpå rostat bröd eller rör ner den i risotton.

89.Basilika Tomatsås

INGREDIENSER:
- 2 matskedar olivolja
- 4 vitlöksklyftor, hackade
- 1 burk (14 oz) tärnade tomater
- 1/2 kopp tomatsås
- 1 tsk torkad basilika
- 1/2 kopp tung grädde
- Salta och peppra efter smak
- Färska basilikablad, hackade (för garnering)
- Riven parmesanost (för garnering)

INSTRUKTIONER:
a) Hetta upp olivolja i en stekpanna på medelvärme. Tillsätt den hackade vitlöken och fräs tills den doftar, ca 1 minut.
b) Tillsätt de tärnade tomaterna och tomatsåsen i stekpannan. Rör ner den torkade basilikan.
c) Sjud såsen i cirka 10 minuter, rör om då och då.
d) Häll i den tunga grädden och rör om tills det är väl blandat. Sjud i ytterligare 5 minuter.
e) Krydda med salt och peppar efter smak.
f) Servera basilika tomatgräddsåsen över kokt pasta. Garnera med hackade färska basilikablad och riven parmesanost innan servering.

90.Kryddig tomatgräddsås

INGREDIENSER:

- 2 matskedar olivolja
- 4 vitlöksklyftor, hackade
- 1 burk (14 oz) tärnade tomater
- 1/2 kopp tomatsås
- 1 tsk torkad oregano
- 1/2 tsk röd paprikaflingor (anpassa efter smak)
- 1/2 kopp tung grädde
- Salta och peppra efter smak
- Färsk persilja, hackad (för garnering)

INSTRUKTIONER:

a) Hetta upp olivolja i en stekpanna på medelvärme. Tillsätt den hackade vitlöken och fräs tills den doftar, ca 1 minut.
b) Tillsätt de tärnade tomaterna och tomatsåsen i stekpannan. Rör ner de torkade oregano- och rödpepparflingorna.
c) Sjud såsen i cirka 10 minuter, rör om då och då.
d) Häll i den tunga grädden och rör om tills det är väl blandat. Sjud i ytterligare 5 minuter.
e) Krydda med salt och peppar efter smak.
f) Servera den kryddiga tomatgräddsåsen över kokt pasta. Garnera med hackad färsk persilja innan servering.

91.Svamp tomat gräddsås

INGREDIENSER:

- 2 matskedar smör
- 8 oz (225 g) champinjoner, skivade
- 4 vitlöksklyftor, hackade
- 1 burk (14 oz) tärnade tomater
- 1/2 kopp tomatsås
- 1/2 kopp tung grädde
- Salta och peppra efter smak
- Färska timjanblad, hackade (för garnering)

INSTRUKTIONER:

a) Smält smör i en stekpanna på medelvärme. Tillsätt de skivade svamparna och fräs tills de är gyllenbruna, ca 5-7 minuter.
b) Tillsätt den hackade vitlöken i stekpannan och koka i ytterligare 1-2 minuter.
c) Häll i de tärnade tomaterna och tomatsåsen. Rör om för att kombinera.
d) Sjud såsen i cirka 10 minuter, rör om då och då.
e) Häll i den tunga grädden och rör om tills det är väl blandat. Sjud i ytterligare 5 minuter.
f) Krydda med salt och peppar efter smak.
g) Servera svamptomatgräddsåsen över kokt pasta. Garnera med hackade färska timjanblad före servering.

92.Spenat Tomatsås

INGREDIENSER:

- 2 matskedar olivolja
- 4 vitlöksklyftor, hackade
- 4 dl färska spenatblad
- 1 burk (14 oz) tärnade tomater
- 1/2 kopp tomatsås
- 1/2 kopp tung grädde
- Salta och peppra efter smak
- Riven parmesanost (för garnering)

INSTRUKTIONER:

a) Hetta upp olivolja i en stekpanna på medelvärme. Tillsätt den hackade vitlöken och fräs tills den doftar, ca 1 minut.
b) Tillsätt de färska spenatbladen i stekpannan och koka tills de vissnat, cirka 2-3 minuter.
c) Häll i de tärnade tomaterna och tomatsåsen. Rör om för att kombinera.
d) Sjud såsen i cirka 10 minuter, rör om då och då.
e) Häll i den tunga grädden och rör om tills det är väl blandat. Sjud i ytterligare 5 minuter.
f) Krydda med salt och peppar efter smak.
g) Servera spenattomatsåsen över kokt pasta. Garnera med riven parmesanost innan servering.

93. Soltorkad tomat och basilika gräddsås

INGREDIENSER:

- 1 msk olivolja
- 4 vitlöksklyftor, hackade
- 1/4 kopp soltorkade tomater, hackade
- 1 burk (14 oz) tärnade tomater
- 1/2 kopp tung grädde
- 1 tsk torkad basilika
- Salta och peppra efter smak
- Färska basilikablad, hackade (för garnering)

INSTRUKTIONER:

a) Hetta upp olivolja i en stekpanna på medelvärme. Tillsätt hackad vitlök och hackade soltorkade tomater, fräs tills det doftar.
b) Häll i de tärnade tomaterna. Rör om och låt sjuda i cirka 10 minuter.
c) Sänk värmen och rör ner grädde och torkad basilika. Låt såsen sjuda i ytterligare 5 minuter, rör om då och då.
d) Krydda med salt och peppar efter smak.
e) Servera den soltorkade tomaten och basilikagräddsåsen över kokt pasta. Garnera med hackade färska basilikablad före servering.

94.Tomat och rostad röd paprika gräddsås

INGREDIENSER:

- 1 msk olivolja
- 4 vitlöksklyftor, hackade
- 1/2 kopp rostad röd paprika, tärnad
- 1 burk (14 oz) tärnade tomater
- 1/2 kopp tung grädde
- Salta och peppra efter smak
- Färsk persilja, hackad (för garnering)

INSTRUKTIONER:

a) Hetta upp olivolja i en stekpanna på medelvärme. Tillsätt hackad vitlök och tärnad rostad röd paprika, fräs tills det doftar.
b) Häll i de tärnade tomaterna. Rör om och låt sjuda i cirka 10 minuter.
c) Sänk värmen och rör ner kraftig grädde. Låt såsen sjuda i ytterligare 5 minuter, rör om då och då.
d) Krydda med salt och peppar efter smak.
e) Servera tomat och rostad röd paprika gräddsås över kokt pasta. Garnera med hackad färsk persilja innan servering.

95. Tomat- och getostgräddsås

INGREDIENSER:

- 1 msk olivolja
- 4 vitlöksklyftor, hackade
- 113 g getost
- 1 burk (14 oz) tärnade tomater
- 1/2 kopp tung grädde
- Salta och peppra efter smak
- Färska timjanblad, hackade (för garnering)

INSTRUKTIONER:

a) Hetta upp olivolja i en stekpanna på medelvärme. Tillsätt hackad vitlök och fräs tills det doftar.
b) Tillsätt getost i stekpannan och rör om tills den smält.
c) Häll i de tärnade tomaterna. Rör om och låt sjuda i cirka 10 minuter.
d) Sänk värmen och rör ner kraftig grädde. Låt såsen sjuda i ytterligare 5 minuter, rör om då och då.
e) Krydda med salt och peppar efter smak.
f) Servera tomat- och getostgräddsåsen över kokt pasta. Garnera med hackade färska timjanblad före servering.

96.Tomat och Gorgonzola gräddsås

INGREDIENSER:

- 1 msk olivolja
- 4 vitlöksklyftor, hackade
- 4 oz (113 g) Gorgonzola ost
- 1 burk (14 oz) tärnade tomater
- 1/2 kopp tung grädde
- Salta och peppra efter smak
- Färsk persilja, hackad (för garnering)

INSTRUKTIONER:

a) Hetta upp olivolja i en stekpanna på medelvärme. Tillsätt hackad vitlök och fräs tills det doftar.
b) Tillsätt gorgonzolaosten i stekpannan och rör om tills den smält.
c) Häll i de tärnade tomaterna. Rör om och låt sjuda i cirka 10 minuter.
d) Sänk värmen och rör ner kraftig grädde. Låt såsen sjuda i ytterligare 5 minuter, rör om då och då.
e) Krydda med salt och peppar efter smak.
f) Servera tomat och Gorgonzola gräddsås över kokt pasta. Garnera med hackad färsk persilja innan servering.

97.Bacon Tomatsås

INGREDIENSER:
- 4 skivor bacon, hackad
- 2 matskedar smör
- 4 vitlöksklyftor, hackade
- 1 burk (14 oz) tärnade tomater
- 1/2 kopp tomatsås
- 1/2 kopp tung grädde
- Salta och peppra efter smak
- Färsk persilja, hackad (för garnering)

INSTRUKTIONER:
a) Koka det hackade baconet på medelhög värme i en stekpanna tills det är knaprigt. Ta bort baconet från stekpannan och ställ åt sidan, lämna det utsmälta fettet kvar i stekpannan.
b) Tillsätt smöret i stekpannan med det renderade baconfettet. När den smält, tillsätt den hackade vitlöken och fräs tills den doftar.
c) Häll i de tärnade tomaterna och tomatsåsen. Rör om för att kombinera.
d) Sjud såsen i cirka 10 minuter, rör om då och då.
e) Häll i den tunga grädden och rör om tills det är väl blandat. Sjud i ytterligare 5 minuter.
f) Krydda med salt och peppar efter smak.
g) Servera bacontomatsåsen över kokt pasta. Garnera med hackad färsk persilja och knaperstekt bacon innan servering.

98.Ört tomat gräddsås

INGREDIENSER:
- 2 matskedar olivolja
- 4 vitlöksklyftor, hackade
- 1 burk (14 oz) tärnade tomater
- 1/2 kopp tomatsås
- 1 tsk torkad timjan
- 1 tsk torkad rosmarin
- 1/2 kopp tung grädde
- Salta och peppra efter smak
- Färska basilikablad, hackade (för garnering)

INSTRUKTIONER:

a) Hetta upp olivolja i en stekpanna på medelvärme. Tillsätt den hackade vitlöken och fräs tills den doftar, ca 1 minut.
b) Tillsätt de tärnade tomaterna och tomatsåsen i stekpannan. Rör ner den torkade timjan och rosmarin.
c) Sjud såsen i cirka 10 minuter, rör om då och då.
d) Häll i den tunga grädden och rör om tills det är väl blandat. Sjud i ytterligare 5 minuter.
e) Krydda med salt och peppar efter smak.
f) Servera örttomatgräddsåsen över kokt pasta. Garnera med hackade färska basilikablad före servering.

99.Räktomatsås

INGREDIENSER:

- 1 msk olivolja
- 1 lb (450 g) räkor, skalade och rensade
- Salta och peppra efter smak
- 2 matskedar smör
- 4 vitlöksklyftor, hackade
- 1 burk (14 oz) tärnade tomater
- 1/2 kopp tomatsås
- 1/2 kopp tung grädde
- Färsk persilja, hackad (för garnering)

INSTRUKTIONER:

a) Hetta upp olivolja i en stekpanna på medelvärme. Krydda räkorna med salt och peppar och lägg dem sedan i stekpannan. Koka tills den är rosa och ogenomskinlig, ca 2-3 minuter per sida. Ta bort räkorna från stekpannan och ställ åt sidan.

b) Smält smöret i samma stekpanna. Tillsätt den hackade vitlöken och fräs tills den doftar, ca 1 minut.

c) Häll i de tärnade tomaterna och tomatsåsen. Rör om för att kombinera.

d) Sjud såsen i cirka 10 minuter, rör om då och då.

e) Häll i den tunga grädden och rör om tills det är väl blandat. Sjud i ytterligare 5 minuter.

f) Lägg tillbaka de kokta räkorna i stekpannan och häll över såsen.

g) Servera räktomatgräddsåsen över kokt pasta. Garnera med hackad färsk persilja innan servering.

100. Krämig tomat och spenat Alfredo

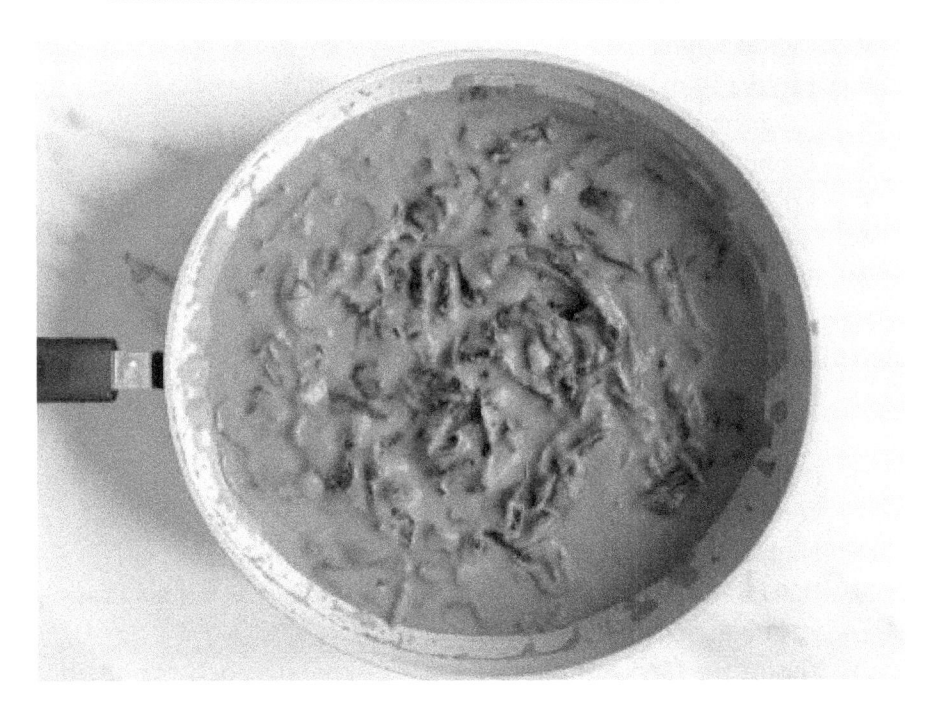

INGREDIENSER:
- 2 matskedar smör
- 4 vitlöksklyftor, hackade
- 1 burk (14 oz) tärnade tomater
- 1/2 kopp tomatsås
- 1/2 kopp tung grädde
- 1 dl färska spenatblad
- Salta och peppra efter smak
- Riven parmesanost (för garnering)

INSTRUKTIONER:

a) Smält smöret på medelvärme i en stekpanna. Tillsätt den hackade vitlöken och fräs tills den doftar, ca 1 minut.

b) Häll i de tärnade tomaterna och tomatsåsen. Rör om för att kombinera.

c) Sjud såsen i cirka 10 minuter, rör om då och då.

d) Häll i den tunga grädden och rör om tills det är väl blandat. Sjud i ytterligare 5 minuter.

e) Tillsätt de färska spenatbladen i stekpannan och rör om tills de vissnat.

f) Krydda med salt och peppar efter smak.

g) Servera den krämiga tomat- och spenat-alfredosåsen över kokt pasta. Garnera med riven parmesanost innan servering.

SLUTSATS

När vi tar farväl av "DEN VIKTIGA KOKBOKEN FÖR TOMATSÅS", gör vi det med hjärtan fulla av tacksamhet för de smaker som njuts av, de minnen som skapats och de kulinariska äventyren som delas längs vägen. Genom 100 välsmakande skapelser som hyllade tomatsåsens mångsidighet och läckra, har vi påbörjat en resa av smak, komfort och kulinarisk kreativitet, och utforskar de oändliga möjligheterna med denna ödmjuka men extraordinära ingrediens.

Men vår resa slutar inte här. När vi återvänder till våra kök, beväpnade med nyvunnen inspiration och uppskattning för tomatsås, låt oss fortsätta att experimentera, förnya och skapa. Oavsett om vi lagar mat till oss själva, våra nära och kära eller gäster, må recepten i denna kokbok tjäna som en källa till glädje och tillfredsställelse i många år framöver.

Och när vi njuter av varje läcker tugga av tomatsås-infunderad godhet, låt oss komma ihåg de enkla nöjena med god mat, gott sällskap och glädjen att laga mat. Tack för att du följde med oss på denna smakrika resa genom tomatsåsens värld. Må ditt kök alltid vara fyllt med den rika doften av sjudande tomater, och må varje rätt du skapar vara en hyllning till smak, tradition och kulinarisk förträfflighet.